Curto-circuito

Laura Carvalho

Curto-circuito
O vírus e a volta do Estado

todavia

Agradecimentos 7

Introdução 9

1. O Estado estabilizador 13
2. O Estado investidor 43
3. O Estado protetor 57
4. O Estado prestador de serviços 79
5. O Estado empreendedor 101
6. As crises do pós-pandemia 121

Notas 129
Referências bibliográficas 134

Agradecimentos

Agradeço ao meu pai, Luiz Antonio Carvalho, e à minha mãe, Maria Tereza Barbosa, pela ajuda na revisão do texto. À Luiza Nassif Pires, agradeço pelas inúmeras conversas sobre os impactos econômicos da pandemia e seus efeitos sobre as desigualdades no Brasil e no mundo. Ao Renan Quinalha e aos amigos da Mira Filmes, meus mais sinceros agradecimentos pelo trabalho coletivo de gravação do podcast Entretanto, que contribuiu muito para a articulação de algumas das ideias aqui reunidas. Por fim, alguns trechos de colunas publicadas na *Folha de S.Paulo* entre 2018 e 2019 e no jornal *Nexo* em 2020 serviram de base para passagens do livro. Agradeço muito a ambos os jornais pelo espaço e também aos leitores pelos comentários e críticas pertinentes.

Introdução

A pandemia que se abateu sobre os diferentes países do mundo no início do ano de 2020 trouxe consequências inéditas para a economia global. Ao contrário das crises de 1929 e 2008, o colapso econômico de 2020 não é fruto do contágio da economia real por uma crise originada no setor financeiro, mas do contágio da economia real por uma crise de saúde pública ou, simples assim, do contágio por um vírus.

Pandemias anteriores de alta gravidade tampouco têm efeitos comparáveis, na medida em que se deram em um mundo muito menos globalizado, com menor integração comercial e financeira entre os países. Assim, em meio ao que deve tornar-se a maior queda da história do PIB mundial, o debate econômico foi chacoalhado como em poucas ocasiões anteriores. Em particular, temas e questionamentos ao modo como o sistema capitalista tem sido administrado desde os anos 1980, que já vinham sendo trazidos à tona desde a crise financeira global de 2008-9, ganharam uma concretude trágica.

Sobram evidências de que a pandemia não é tão democrática quanto muitos gostam de fazer parecer. Sim, ela está prejudicando a vida de todos, mas os mais pobres sofrem muito mais os seus impactos na saúde e na economia. No caso da gripe espanhola, uma pesquisa publicada na revista médica *The Lancet* sugere que as taxas de mortalidade foram até trinta vezes maiores em regiões mais pobres. A pandemia de 2009 do H1N1 não foi tão diferente: um estudo de 2013 apontou uma taxa de mortalidade vinte vezes maior em países da América do Sul do que na Europa, por exemplo. Ou seja, os países com a menor dotação de recursos para enfrentar a crise atual, sobretudo se levarmos em conta a enorme fuga de capitais para países ricos em meio à incerteza nos mercados financeiros, sofrem os efeitos mais devastadores da pandemia.

Mas não são apenas as desigualdades globais que se tornam visíveis a olho nu. Dentro de cada país, os mais vulneráveis também estão mais sujeitos aos impactos da crise econômica e de saúde pública. Um estudo publicado em maio de 2020 por pesquisadores do FMI[1] analisou os dados de 175 países de cinco pandemias anteriores — Sars (2003), H1N1 (2009), Mers (2012), Ebola (2014) e Zika (2016) — e estimou um aumento de quase 1,5% na desigualdade medida pelo índice de Gini nos cinco anos que sucedem esses episódios.

Além da perda de renda e trabalho, a base da pirâmide social, que no Brasil tem uma nítida dimensão racial e de gênero, está mais sujeita à contaminação e a desenvolver casos mais graves da infecção por Covid-19. Isso porque o risco de contaminação é maior pelo número de pessoas que dividem o mesmo dormitório, pelo uso de transporte público, pela falta de saneamento básico e pela dificuldade de manter o isolamento sem reduzir sua renda para abaixo do nível mínimo de subsistência. Já a gravidade dos casos e, portanto, a probabilidade de óbito dependem da existência de comorbidades (doenças crônicas associadas) e do acesso à saúde. No Brasil, a proporção de pessoas com comorbidades associadas à Covid-19 aumenta significativamente entre os menos escolarizados (54% para quem só frequentou o ensino fundamental, ante 34% para quem frequentou o ensino superior)[2] e o número de leitos de UTI no SUS é quase cinco vezes menor do que na rede privada.

Nesse contexto, a valorização súbita dos sistemas públicos de saúde, das redes de proteção social, das políticas de desenvolvimento produtivo e tecnológico e, de forma geral, do papel do Estado na alocação dos recursos da sociedade tem levado alguns analistas a considerar essa crise como um golpe fatal no neoliberalismo ou, quem sabe, no próprio capitalismo. Para muitos, a trágica pandemia ajudaria a parir um belo mundo novo, bem mais justo e sustentável. No entanto, as desigualdades exacerbadas pela crise, os patamares mais elevados de dívida pública deixados como herança pelo seu combate e o fortalecimento de tendências ao autoritarismo e ao nacionalismo apresentam-se como obstáculos vistosos para uma transformação social significativa.

Nesse sentido, o caso brasileiro é singular. Primeiro, porque a pandemia se abateu sobre uma economia que nem sequer havia se recuperado da recessão de 2015-6. Pior. A semiestagnação da renda entre 2017 e 2019 já era por natureza desigualitária: enquanto os mais pobres ainda sofriam queda em seus rendimentos, o meio e o topo da pirâmide recuperavam-se muito lentamente. Segundo, porque a crise é gerida por uma equipe econômica adepta de uma ideologia anacrônica de Estado mínimo e um presidente contrário às evidências científicas. Aqui, uma falsa oposição entre morte física e morte econômica embasou uma resposta inadequada em ambos os campos.

É verdade que, como avaliou o jornal britânico *Financial Times* em reportagem sobre o Brasil publicada em 28 de abril, o Ministério da Economia foi "forçado a reconciliar sua identidade 'Chicago Boy' de livre mercado com a necessidade de vultosa intervenção governamental".[3] Medidas fiscais substantivas foram adotadas — ou enfiadas goela abaixo pelo Congresso —, provocando um curto-circuito no bolsonarismo. Mas a resposta adequada a uma crise como esta não exige apenas relaxar regras orçamentárias em meio à calamidade, e sim repensar o próprio papel do Estado na sociedade e na economia para superar carências históricas que a pandemia tornou cristalinas.

Neste breve livro, escrito em meio ao turbilhão de uma crise sanitária, social e econômica com consequências ainda nebulosas, o objetivo é apresentar, à luz do contexto brasileiro, cinco funções do Estado que a pandemia ajudou a revelar. São elas: estabilizador da economia, investidor em infraestrutura física e social, protetor dos mais vulneráveis, provedor de serviços à população e, por fim, empreendedor. Tais funções estão inter-relacionadas e certamente não exaurem as atribuições do Estado em sociedades democráticas, mas servem de ponto de partida tanto para a análise de nossas lacunas e desigualdades estruturais, quanto para a formulação de uma agenda econômica para o curto e o longo prazo no Brasil.

I.
O Estado estabilizador

Em dezembro de 1965, a revista americana *Time* escolheu John Maynard Keynes como homem do ano, a despeito de o economista ter morrido vinte anos antes, em 1946. A matéria de capa da revista trata do longo período de expansão da economia norte--americana no início dos anos 1960 e ressalta como os princípios da macroeconomia keynesiana, considerados subversivos logo após a publicação da *Teoria geral do emprego, do juro e da moeda* em 1936, dominaram a ortodoxia econômica nas universidades e passaram a nortear a agenda de diferentes governos — nos Estados Unidos, Roosevelt, Kennedy e o então presidente Lyndon Johnson pautaram-se por suas ideias. "Em Washington, os homens que formulam as políticas econômicas da nação utilizaram princípios keynesianos não somente para evitar os violentos ciclos dos dias do pré-guerra, mas também para produzir um crescimento econômico fenomenal e atingir preços notadamente estáveis", diz a reportagem. "Se a Nação tem problemas econômicos, são problemas de alto emprego, alto crescimento e alta esperança [...]. Talvez os Estados Unidos precisem de outro Keynes, mais moderno, para lidar com os desafios do crescimento, um especialista em manter as economias em um pico saudável. Mas mesmo se surgir, ele terá de partir do que aprendeu com John Maynard Keynes", conclui.

Como sabemos, a história foi bem diferente. Os choques de petróleo e a estagflação da economia norte-americana nos anos 1970 abriram espaço para uma nova mudança de paradigma na ciência econômica e na agenda adotada pelos diferentes países. Na macroeconomia keynesiana, nada garante que o equilíbrio de mercado se dá com pleno emprego: para evitar recessões, os governos têm o papel de estimular o consumo das famílias e os investimentos das empresas tanto através da política monetária (redução da taxa de juros), quanto da política fiscal (expansão dos gastos públicos). Não é o que ocorre na economia novo-clássica de Robert Lucas e Thomas Sargent, da escola de Chicago, que emerge nos anos 1980 como herdeira do monetarismo de Milton Friedman. Nessas teorias, consumidores e firmas com expectativas racionais garantem que o equilíbrio de mercado se dá sem desemprego involuntário. A longo prazo, tentativas do governo de estimular a economia não são capazes de aumentar o produto e estão fadadas a gerar inflação ou outras distorções. Na teoria novo-clássica dos ciclos reais de negócios, flutuações no nível de renda e de produção emergem apenas como resultado de choques tecnológicos e aleatórios, aos quais o governo não deve responder.

Tais princípios e suas variações teóricas posteriores acabaram servindo para fundamentar a ideologia do Estado Mínimo e sua implementação — em maior ou menor grau — por governos ao redor do mundo nos anos 1980 e 1990. Mesmo a escola chamada de novo-keynesiana, que passou a dominar o *mainstream* econômico nos anos 1990, restringe a atuação do governo às situações de falhas de mercado de curto prazo — o desemprego involuntário só surge se os preços e salários forem rígidos demais, por exemplo. A longo prazo, a trajetória de crescimento econômico está dada essencialmente pela tecnologia disponível, crescimento da população e da oferta de trabalho, e pela produtividade dessa força de trabalho, que por sua vez depende do nível de educação, por exemplo, e outros fatores pelo lado da oferta.

A crise financeira global de 2008 pode ser interpretada como a primeira ruptura com esse paradigma. No prefácio de *Maynard's Revenge: The Collapse of Free Market Macroeconomics*, Lance Taylor, professor emérito da New School for Social Research que deixou seu cargo de professor no MIT nos anos 1990, quando suas ideias passaram a ser consideradas heterodoxas, explica o porquê do título do livro ser *A vingança de Maynard* — em referência ao segundo nome de Keynes. "Ele estava correto sobre como fazer macroeconomia. A reforma inicial e depois a revolução contra suas ideias começando nos anos 1940 eram enganosas e frequentemente equivocadas. As formas em que ele propôs analisar os problemas macro são as únicas de alguma utilidade para entender a crise global de 2007-9. Estar certo sobre esses pontos fundamentais deve recompensar o suficiente a forma como sua versão da macroeconomia foi tratada desde os anos 1970."

De fato, as origens da Grande Recessão e a reação dos governos e bancos centrais ao redor do mundo para combatê-la trouxeram de volta à tona a necessidade de expansão fiscal e monetária em situações de alto desemprego e colapso da demanda agregada. Nas crises, a forte incerteza leva o setor privado a assumir postura defensiva, cortando gastos em consumo e adiando decisões de produção e investimento. Em tais situações, há maior preferência pela liquidez, no conceito desenvolvido por Keynes para explicar a demanda por moeda — o ativo mais líquido da economia — como forma de acumulação de riqueza. Assim, os agentes econômicos livram-se de seus ativos menos líquidos (ações ou títulos de alto risco) e tentam realocar seu patrimônio em dinheiro ou títulos públicos, por exemplo. Essas reações tendem a reduzir o preço dos ativos de maior risco no mercado financeiro, contaminando a economia real. Bancos privados, por sua vez, reduzem a oferta de empréstimos, temendo a inadimplência de empresas e famílias. Nesse cenário, nada garante que a economia voltará à trajetória anterior e o Estado é o único capaz de agir contra a corrente para evitar um efeito cascata.

O economista pós-keynesiano Hyman Minsky já havia tratado em seu livro *Stabilizing an Unstable Economy*, de 1986, do que chamou de "estabilidade desestabilizadora" das economias. Em particular, na análise minskyana, quanto mais a economia se expande, mais as empresas se endividam para financiar seus investimentos e com isso tornam o sistema mais frágil financeiramente. Chega então um ponto em que qualquer choque pequeno pode desencadear uma crise no setor financeiro e no setor real, à medida que empresas e bancos tentam se recompor. Por isso, o governo e o Banco Central deveriam adotar uma política anticíclica, ou seja, na direção contrária ao ciclo econômico gerado pelo setor privado. Em outras palavras, o governo deve desaquecer os ânimos e a tomada de risco por bancos, empresas e famílias durante os períodos de expansão — através de políticas monetária, fiscal e regulatória restritivas —, e fazer o oposto nos períodos de contração.

Quando o Estado assume o seu papel estabilizador, a proporção da dívida pública em relação ao tamanho da economia sobe quando a dívida privada cai, à medida que empresas e famílias cortam seus gastos e tentam recompor sua saúde financeira, e cai quando a dívida privada sobe, ou seja, nos períodos de expansão da economia. Alguns elementos do próprio funcionamento do Orçamento público já atuam nessa direção mesmo sem passar pela decisão dos governantes: são os chamados estabilizadores automáticos. Por exemplo, o recolhimento de impostos aumenta quando a economia cresce e é menor durante as crises, já que depende do próprio nível de atividade econômica. Já os gastos com seguro-desemprego são automaticamente elevados em situações de crise, à medida que a própria taxa de desemprego aumenta, e caem em situações de expansão, quando o mercado de trabalho está aquecido. Tanto os impostos quanto os gastos com seguro-desemprego são considerados estabilizadores automáticos, pois na ausência de decisões em contrário da política econômica, levam justamente a uma postura anticíclica do Estado. Em outras palavras, os estabilizadores podem fazer com que o governo arrecade mais e gaste menos na fase de expansão, reduzindo a dívida pública em relação ao PIB, e arrecade menos e gaste mais durante a recessão, o que implica maior endividamento.

A explosão da dívida pública ao redor do mundo após a crise de 2008 não deveria surpreender — e com a crise causada pela

Covid-19 não será diferente. Mas isso não quer dizer que as duas crises têm a mesma natureza, ou mesmo que exijam medidas semelhantes de combate à recessão.

Em seu relatório de política monetária de maio de 2020, o Banco da Inglaterra projetou que a pandemia lançará a economia do Reino Unido na maior recessão dos últimos trezentos anos, com uma queda do PIB de quase 30% no primeiro semestre. No Brasil, a previsão do governo de uma contração de mais 5,7% ao ano ainda soa, em maio, demasiado otimista para o que deve ser a maior queda anual do PIB de nossa série histórica. O fato é que a crise causada pela Covid-19 tem proporções e características inéditas. Repetindo. A crise causada pela pandemia, não pelas medidas quarentenárias impostas para combatê-la.

O Banco Central da Suécia — país que optou por não adotar medidas restritivas, mantendo abertas escolas e comércio — estimou queda de 7-10% do PIB em 2020. Se confirmado, o resultado não é muito diferente do previsto para países que fizeram o lockdown: o Deutsche Bank projeta contração de 9% na Alemanha, por exemplo. A diferença é o número de óbitos: 311 a cada milhão de habitantes na Suécia, ante quarenta a cada milhão em sua vizinha Noruega, de acordo com números disponíveis em 10 de maio de 2020.[1]

É verdade que o fechamento obrigatório de setores econômicos inteiros tem impacto direto nos níveis de produção, contraindo o PIB pelo lado da oferta de bens e serviços. Mas a crise vem também pelo lado da demanda, o que se deve não apenas às restrições à circulação dos consumidores, mas também ao próprio medo do contágio pelo vírus e à queda das exportações derivada do colapso da renda e do comércio mundial. A pandemia provoca um curto-circuito macroeconômico, pois o distanciamento entre produtores e consumidores transforma-se em choque negativo tanto para a oferta quanto para a demanda. Tudo ao mesmo tempo.

A frase "É a economia, estúpido", cunhada em 1992 pelo estrategista da campanha presidencial vitoriosa de Bill Clinton, passou a ser utilizada em inúmeros contextos. Mas está ficando claro que desta vez é a pandemia, estúpido. Nos estados norte-americanos do Texas, Tennessee e Geórgia, que começaram a reabrir o comércio na última semana de abril de 2020, os primeiros números de frequência em restaurantes sugerem que foi recuperada menos de 20% da queda observada desde o início de março, quando as medidas quarentenárias começaram a ser adotadas.[2] É ilusório, portanto, imaginar que o fim das medidas quarentenárias em pleno crescimento do surto seja capaz de fazer com que consumidores retomem suas atividades, injetando ânimo no mercado interno. Muito pelo contrário, a frouxidão dessas medidas e seu relaxamento prematuro adiam ainda mais a recuperação da economia em meio aos novos surtos de contágio e ao colapso do sistema hospitalar.

As medidas desenhadas para atenuar a recessão gerada pela pandemia e evitar uma longa depressão econômica também fogem da macroeconomia convencional. Essa crise é diferente das outras tanto por suas origens quanto pelo tipo de resposta do Estado.

As crises de 1929 e de 2008 originaram-se no sistema financeiro e contagiaram a economia real em efeito cascata: bancos deixaram de emprestar, empresas perderam valor na bolsa e deixaram de investir, consumidores perderam emprego e renda, deixando de comprar bens e serviços e pagar suas dívidas. Esses efeitos se retroalimentam, pois a queda no consumo prejudica os lucros das empresas e a inadimplência de empresas e famílias dificulta a obtenção de crédito no sistema bancário. A macroeconomia keynesiana sugere que a interrupção desse tipo de ciclo vicioso exige a adoção de estímulos por meio da política monetária (redução da taxa de juros e injeção de liquidez no sistema financeiro para evitar quebradeiras) e, sobretudo, da política fiscal (expansão de gastos e investimentos públicos).

Mas para que seja possível redinamizar a economia, é necessário que a criação de renda e empregos trazida pelo aumento dos gastos públicos tenha efeitos multiplicadores, ou seja, induza um consumo maior por parte das famílias, elevando também as vendas e os investimentos das empresas, e assim por diante. Deste modo, para cada real que o Estado gasta, o PIB aumenta em mais de um real, à medida que parte da renda adicional das famílias será consumida, gerando aumento na produção. O debate sobre o tipo mais adequado de estímulo em um quadro como este está associado, portanto, ao debate sobre quais rubricas entre as despesas do Estado têm maior efeito multiplicador, ou seja, qual gasto público gera maior efeito sobre o consumo das famílias e, assim, sobre o PIB e os empregos.

Mas o que fazer em meio a uma pandemia, em que a necessidade de preservação das vidas limita esses efeitos multiplicadores? Como agir para reativar a economia quando não é nem possível e nem desejável que os consumidores voltem ao comportamento usual, invadindo shoppings e adquirindo serviços que os expõem ao risco de contágio?

As medidas para atenuar a crise econômica e social causada pela Covid-19 devem ser divididas em ao menos duas fases. Na primeira, o alvo são sobretudo suas origens — a disseminação do vírus — e a garantia da sobrevivência de famílias e empresas. Não se trata de estimular a demanda buscando os máximos efeitos multiplicadores, e sim de efetuar transferências de renda que garantam a subsistência dos mais vulneráveis. Aqui se enquadra a adoção de redes mais amplas de proteção social, como a renda básica emergencial. No caso das empresas, a prioridade é prover socorro às empresas em dificuldade, em geral as menores, evitando falências e demissões. Aqui destaca-se a necessidade de absorção pelo Estado de custos das empresas com folha de pagamento, visando manter empregos e salários, bem como a atuação de bancos públicos através de linhas de crédito subsidiado para empresas com menor capacidade de financiamento, e do Banco Central, injetando liquidez no sistema bancário para evitar contração da oferta de crédito e mantendo as taxas de juros baixas.

A segunda fase só pode ser iniciada com a forte queda do número de casos e óbitos e a implementação de testagem em massa. Nessa etapa, quanto menor tiver sido a perda de vínculos empregatícios, o fechamento de negócios e a absorção de famílias pela espiral de pobreza, mais fácil será a recuperação. A retomada tampouco irá se dar enquanto o risco de novos surtos ainda for alto, o que mantém empresas e famílias relutantes em realizar decisões de produção, investimento e consumo. Caso essas condições estejam dadas, a macroeconomia pode então voltar à cena requerendo, aí sim, estímulos à demanda via gastos públicos com alto efeito multiplicador sobre a renda e os empregos.

Como a saída da primeira fase da pandemia se dá com um setor privado endividado e sob incerteza, dada a probabilidade de novos surtos e medidas quarentenárias adicionais, a recuperação rápida da economia na segunda fase também depende de estímulos governamentais. A boa notícia é que essa atuação anticíclica pode se dar justamente pela destinação de recursos para áreas prioritárias, conforme se verá nos capítulos seguintes. Antes, cabe uma breve análise do papel (des)estabilizador do Estado à luz da experiência brasileira antes e durante a pandemia.

Ao contrário de muitos países ricos atingidos pela crise, que viviam um sólido período de expansão econômica e queda da taxa de desemprego, o Brasil viveu entre 2015 e 2016 uma de suas mais profundas recessões e, entre 2017 e 2019, a mais lenta recuperação de sua história.

Em 2014, a expansão de gastos públicos típica de anos eleitorais e a queda do ritmo de arrecadação do governo causada, de um lado, pela desaceleração da economia em meio à piora do cenário externo desde 2011 e, de outro, pelas vultosas desonerações e subsídios concedidos a empresários dos mais variados setores, nos levou ao primeiro ano de aumento da dívida pública em relação ao PIB do século XXI.[3] Nos anos que se seguiram, a dívida pública mais alta justificou a adoção de um ajuste das contas públicas pela via do corte de investimentos e reformas para a redução do ritmo de expansão das despesas obrigatórias — aposentadorias ou mínimos exigidos em saúde e educação, por exemplo.

Do ponto de vista estritamente macroeconômico — deixando aspectos ligados à equidade e eficiência para os próximos capítulos —, essa agenda econômica vai na contramão do que se espera de um Estado estabilizador. Como vimos, uma política fiscal anticíclica faria exatamente o contrário, ou seja, estimularia a economia por meio de uma expansão dos gastos do governo em uma situação em que consumidores perdem renda e empregos. Os empresários vendem menos deixando de investir na expansão de sua capacidade de produzir. Ao cortar gastos em meio à crise, o Estado acabou exacerbando o ciclo econômico, ao invés de atenuá-lo.

Por mais que essa agenda tenha respondido a pressões de economistas, empresários e analistas de mercado desde o segundo mandato de Dilma Rousseff, aprofundando-se ao longo do governo Temer e no primeiro ano do governo Bolsonaro, o caráter desestabilizador do Estado brasileiro vem de antes, pois tem estreita relação com o arcabouço de regras orçamentárias que adotamos. Em particular, a meta de resultado primário — a diferença entre receitas e gastos do governo excluindo o pagamento de juros sobre a dívida acumulada no passado — é uma regra pró-cíclica em sua essência. Por estabelecer a cada ano o quanto o governo deve arrecadar além do que gasta (ou gastar além do que arrecada no caso de um déficit), o pé fiscal do famoso tripé macroeconômico acaba forçando justamente esse tipo de atuação desestabilizadora. Isso porque quando a economia vai mal, levando a uma queda da arrecadação de impostos, o governo é obrigado a responder cortando gastos e aprofundando a crise. Já quando a economia vai bem, como nos anos 2000, elevando essa arrecadação, o governo ganha espaço para expandir gastos e torna a expansão acentuada.

21

Além disso, quando o orçamento é aprovado para o ano seguinte com base na meta de resultado primário, utiliza-se uma projeção do que será o crescimento econômico e, assim, de quanto será a arrecadação de impostos ao final do período. Se a economia cresce menos do que o esperado, como em 2018 ou 2019, frustrando as previsões de receitas, o governo tem de fazer contingenciamentos, bloqueando recursos aprovados pelo Congresso. Assim, esse tipo de regra prejudica o próprio planejamento orçamentário e a execução de políticas pelos Ministérios.

Se a meta de resultado primário é pró-cíclica, a regra do teto de gastos aprovado na emenda constitucional 95 é essencialmente acíclica. Em outras palavras, a meta não tem qualquer relação com o estado da economia. Cada Poder tem exatamente o mesmo montante para gastar todos os anos, ajustando-se esse valor apenas pela inflação do ano anterior. Se a inflação não muda de um ano para o outro, isso significa que o governo pode arrecadar mais ou arrecadar menos e o teto fica exatamente no mesmo lugar. Alterações na taxa de inflação até afetam o teto em termos reais, mas estão longe de torná-lo uma regra anticíclica.

Um dos efeitos da pandemia foi chacoalhar de vez as bases do regime fiscal brasileiro. O choque causado pela Covid-19 chegou logo após a divulgação de resultados frustrantes do PIB de 2019. Embora o governo Bolsonaro tenha tentado minimizá-los em discursos e campanhas que falsamente alardeavam uma melhor alocação de recursos — a partir da construção de conceitos de PIB privado em crescimento e PIB público em queda —, o crescimento do único PIB existente, o da economia como um todo, ficou abaixo até mesmo do observado em 2017 e 2018. Em 2019, a economia brasileira cresceu mísero 1,1%, ante expectativas que giravam em torno de 2,6% no início do ano.

A reação aos números divulgados pelo IBGE em março de 2020, antes da chegada da pandemia ao Brasil, já revelavam uma contestação crescente à agenda implementada pela equipe econômica. Em 4 de março, o presidente da Câmara, Rodrigo Maia, chegou a declarar que os gastos públicos são importantes para o Brasil crescer: "A gente não consegue organizar um país apenas fazendo as reformas, cortando, cortando, cortando",[4] afirmou. O Pibinho já levava, portanto, ao acirramento do debate acerca da necessidade de revisão do teto de gastos e da formulação de uma agenda para a recuperação da economia. A agenda de reformas e de corte de despesas obrigatórias, que nunca foi uma agenda para o crescimento econômico, já perdia força no debate público e no Congresso Nacional quando o país foi atropelado pela pandemia.

Em 16 de março, a poucos dias do início das medidas restritivas adotadas por diferentes entes federativos, o ministro da Economia, Paulo Guedes, ainda declarava que a economia brasileira tinha "uma dinâmica própria de crescimento", e que "poderia perfeitamente crescer 2,5% neste ano". Mas em menos de uma semana formou-se novo consenso sobre a necessidade de abandonar as regras orçamentárias previstas na Lei de Responsabilidade Fiscal, na Constituição e na Emenda Constitucional 95 para liberar a destinação de recursos para a saúde, a proteção social e o socorro de empresas afetadas.

Em 20 de março, o presidente Jair Bolsonaro assinou o decreto de calamidade pública que permitiu a criação de créditos extraordinários para gastos acima do teto e da meta de resultado primário. O decreto foi validado, posteriormente, pela aprovação de uma emenda constitucional apelidada de "PEC do Orçamento de Guerra". O valor previsto para o conjunto de gastos aprovados para o combate à pandemia somava, em 15 de maio de 2020, R$ 258,5 bilhões, dos quais apenas R$ 67,7 bilhões haviam sido pagos até essa data.[5] Em proporção do PIB, o volume previsto de recursos não destoa do valor aprovado em países ricos para o combate à pandemia.

Desse total, R$ 123,9 bilhões referem-se ao pagamento de auxílio emergencial para pessoas em situação de vulnerabilidade,

R$ 3 bilhões à ampliação do programa Bolsa Família, R$ 56,6 bilhões à concessão de parte do seguro-desemprego para trabalhadores com contrato de trabalho suspenso ou redução de jornada, R$ 16 bilhões ao auxílio a estados e municípios, R$ 34 bilhões ao financiamento a empresas para pagamento da folha salarial e R$ 23,96 bilhões a despesas adicionais do Ministério da Saúde e demais ministérios.

Essas medidas certamente contribuem para um papel estabilizador do Estado em meio à crise. Mas a insuficiência e os problemas de implementação já ficam claros se tomarmos o exemplo da Medida Provisória (MP) que determinou a possibilidade de suspensão ou redução da jornada dos contratos formais de trabalho. Após divulgar uma primeira versão da MP em que os contratos poderiam ser suspensos sem nenhuma remuneração dos empregados (que apenas fariam cursos de qualificação à distância no período), o governo se deparou com fortes reações da sociedade, que enxergou rapidamente a enorme perda de renda que isso geraria para os trabalhadores. O princípio básico da proposta original era o mesmo que fundamentou a reforma trabalhista aprovada no governo Temer, ou seja, o de que quanto menores os custos com a mão de obra e maior a flexibilidade dos contratos, maior também é a geração ou a preservação de empregos. Na prática, essas medidas até podem contribuir para reduzir os custos de cada empresa, mas ao retirar a renda dos trabalhadores, prejudicam o conjunto da economia e, assim, o volume de vendas. Em resposta às reações adversas, o governo alterou a MP, acrescentando o pagamento pelo Estado de uma indenização aos trabalhadores com contrato suspenso ou reduzido de até 70% do seguro-desemprego. Para preservar vínculos empregatícios, a medida também proíbe a demissão sem justa causa dos trabalhadores beneficiados após o fim dos pagamentos pelo mesmo tempo que tiver durado a suspensão do contrato ou a redução de jornada.

A nova versão da MP ajudou a preservar parte da renda dos trabalhadores e a evitar um número maior de demissões. O problema é que como o teto do seguro-desemprego é de apenas R$ 1813,03, uma suspensão de contrato no novo texto ainda leva à perda de mais da metade do salário para quem ganha acima de 3,5 salários mínimos. No Reino Unido, por exemplo, o governo atrelou um benefício similar diretamente aos salários, em vez de utilizar o seguro-desemprego como referência, garantindo aos trabalhadores o pagamento de 80% da renda original até um teto estabelecido de 2500 libras mensais.

Os benefícios e as falhas das outras medidas implementadas, como as linhas de crédito para empresas, o auxílio emergencial e as transferências de recursos para estados e municípios, serão analisados adiante. Vistas em conjunto, as medidas representam um estímulo importante, que contrasta com a postura pró-cíclica assumida pelo governo durante a recessão de 2015--6. As projeções da Instituição Fiscal Independente do Senado Federal sugerem que as medidas podem levar, ao lado da queda da arrecadação de impostos provocada pela própria crise, a um déficit primário de 7% do PIB nas contas do governo federal. De uma hora pra outra, o mito de que o Brasil estava quebrado e sem dinheiro se desfez a olho nu: o governo financiou seus gastos adicionais com maior endividamento público, colocando títulos da dívida no mercado para cobrir a diferença entre despesas e receitas, como aliás já vinha fazendo.

Ao contrário de vários países periféricos e da situação que vigorou no país até os anos 1990, o Brasil não tem um problema de dívida externa que restrinja a capacidade de enfrentar o vírus e suas consequências: ao contrário, o país tem vultosas reservas internacionais e quase nenhuma dívida pública em moeda estrangeira. Países vizinhos e outros países subdesenvolvidos com dívidas com o Fundo Monetário Internacional e bancos estrangeiros têm dificuldades maiores, dada a saída de capitais das economias periféricas em meio à incerteza nos mercados financeiros globais e a consequente valorização de ativos mais seguros — o dólar ou os títulos do Tesouro americano, por exemplo. Assim, enquanto o enfrentamento da pandemia em países com dívida pública externa em dólares exige a renegociação desses empréstimos e a boa vontade do FMI e de credores estrangeiros, o Brasil não corre risco de não pagar a dívida, que já há algum tempo é em reais e emitida em mercado na forma de títulos públicos (mobiliária).

Na pandemia, o governo teve apenas que elevar a dívida pública, ou seja, emitir mais títulos para compra pelos agentes do mercado. O custo gerado por esses títulos para o governo ao longo do tempo depende da taxa de juros que remunera cada um deles, que aliás veio caindo, em média, nos últimos anos graças à queda na Selic — a taxa básica estabelecida pelo Banco Central — em meio ao período de baixo crescimento e baixa inflação que vivemos desde 2016.

Quando a dívida pública é mobiliária em reais e não tomada na forma de empréstimo em dólar do FMI ou de bancos estrangeiros, os juros podem ser pagos pela emissão de nova dívida em reais. Ou seja, para pagar juros aos detentores dos títulos públicos que compõem a dívida do governo — fundos de investimento, seguradoras, fundos de pensão, investidores estrangeiros ou indivíduos —, o governo emite mais dívida e, assim, vende novos títulos no mercado. Esse é um mecanismo utilizado de forma recorrente no Brasil e no mundo, que exige apenas que os detentores de riqueza estejam dispostos a comprar mais títulos. Esses títulos são papéis — hoje em dia eletrônicos — que compõem as diferentes partes da dívida emitida, com prazos e remunerações distintas.

No Brasil, alguns têm a taxa de juros determinada no momento da compra (pré-fixados), outros têm a remuneração atrelada à própria Selic, a índices de inflação ou ao dólar, por exemplo. Em países com dívida em moeda nacional, o pagamento desses juros aos detentores por meio da venda de títulos adicionais costuma ocorrer sem dificuldades em cenários de crise, quando os investidores desejam ativos de menor risco e maior liquidez:

livram-se de ações, por exemplo, para comprar justamente títulos públicos com rendimentos mais seguros. Em suma, o Brasil, como o mundo todo, já se endividava antes da pandemia e se endividou ainda mais com a sua chegada — e assim deve ser.

Ainda que boa parte das medidas aprovadas tenham partido de pressões da sociedade e de iniciativas do Congresso Nacional, o fato é que o Estado brasileiro atuou nessa crise de forma estimuladora, em clara ruptura com a estratégia anterior.

Pouco tempo antes das eleições presidenciais de 2018, o presidente Jair Bolsonaro não era levado a sério pelas elites financeiras do país. Seu evidente despreparo para tratar de temas econômicos e seu histórico de defesa do regime militar, marcado pelo intervencionismo estatal, o descredenciavam entre analistas de mercado e defensores do liberalismo. O programa protocolado no TSE pelo candidato, apesar de pouco detalhado, teve clara intenção de conquistar esse público. Além da independência do Banco Central, o documento previa, por exemplo, a privatização de estatais, a redução da carga tributária e o aprofundamento da reforma trabalhista pela adoção da carteira de trabalho "verde e amarela", que passaria a valer para contratos individuais feitos por fora da CLT. Essas propostas estavam em linha com a agenda ultraliberal defendida por Paulo Guedes, que Bolsonaro apelidou de "Posto Ipiranga" — ali, todas as respostas para questões econômicas poderiam ser encontradas. Durante a campanha, Guedes defendeu privatizar todas as estatais, se declarou contrário aos reajustes automáticos de salário mínimo e chegou a divulgar uma proposta tributária que unificaria as alíquotas de Imposto de Renda, beneficiando os mais ricos. Ao fim do primeiro turno, Bolsonaro era considerado o candidato do mercado e das elites financeiras do país.

Uma vez no governo, no entanto, o pragmatismo às vezes se sobrepôs à ideologia do Estado mínimo. Em junho de 2019, diante de evidências cada vez mais gritantes de que a estagnação da economia se devia a uma insuficiência crônica de demanda, o ministro Paulo Guedes anunciou a liberação de saques de contas ativas do FGTS como forma de estímulo à economia. Em meio ao discurso recheado de soluções ultraliberais clichês, entre as quais a flexibilização radical das leis trabalhistas, a redução de impostos para empresários, a privatização dos ativos públicos e a abertura comercial indiscriminada como forma de garantir crescimento e geração de empregos, Guedes incluiu uma medida cuja racionalidade está amparada no multiplicador keynesiano do gasto autônomo — os efeitos diretos e indiretos sobre o consumo e o investimento da liberação do FGTS.

Da mesma forma, em dezembro de 2016, sete meses depois de chegar ao poder com uma plataforma baseada no programa "Ponte para o Futuro", cujos pilares eram a reforma trabalhista e o corte de gastos públicos, Michel Temer e sua equipe apelidada de *dream team* econômico haviam revelado uma criatividade inesperada ao anunciar a liberação de contas inativas de FGTS e PIS/Pasep. A medida, implementada em junho do ano seguinte, acabou se revelando essencial para a variação positiva do consumo das famílias e do PIB, que cresceu 1% em 2017 após dois anos de queda (ajudado também por uma safra agrícola recorde no primeiro trimestre do ano).

Nada disso se compara à magnitude e à natureza das medidas tomadas em meio à pandemia. Ao contrário da liberação do FGTS, dessa vez não se tratou apenas de um estímulo parafiscal — que não gera impactos diretos sobre as contas públicas —, mas também da liberação de volume substantivo de recursos do governo para socorro a empresas e famílias. É verdade que a resposta à crise da Covid-19 incluiu também liberação adicional de recursos do FGTS com recursos do PIS/Pasep e que parte expressiva das medidas apenas remanejou recursos (para o Bolsa Família e o SUS), antecipou despesas (primeira e segunda parcela do 13º para beneficiários do INSS e abono salarial) ou adiou receitas (FGTS, supersimples, PIS/Cofins e encargos setoriais). Mas do total de

7,2% do PIB em medidas do governo federal de suporte ao setor privado,[6] 2,54% do PIB refere-se a novas despesas e 0,22% a desonerações (renúncias de receitas). Além disso, há mais 1,26% do PIB previsto em medidas pelo lado do crédito e 1% do PIB em apoio a estados e municípios.

Se ficarmos apenas com os programas do governo federal (excluídos apoio a estados e municípios e medidas pelo lado do crédito), o Brasil já tinha adotado em abril 5,7% do PIB em medidas, ante 6% na Alemanha, 5,4% nos Estados Unidos, 2% na França, 1,1% na Itália e 1,2% na Argentina. Mesmo superior em proporção do PIB ao valor destinado ao combate à crise em alguns países ricos, essa intervenção não será suficiente para evitar a maior queda histórica de nossa renda e a elevação brutal do desemprego e da informalidade, mas vai certamente atenuá-las.

Além disso, a equipe econômica anunciou em seu projeto orçamentário para 2021 uma inovação no regime fiscal brasileiro: a meta de resultado primário não foi apresentada com um valor fixo e sim com parâmetros variáveis.[7] As despesas são projetadas pelo valor permitido pelo teto de gastos, mas a meta de resultado primário pode ser afrouxada, se as receitas ficarem abaixo do projetado, ou apertada, caso contrário. Em outras palavras, a meta de resultado primário deixou de ser um ponto e passou a funcionar como um intervalo, abrindo espaço para que uma frustração nas expectativas de crescimento econômico não seja convertida em redução dos gastos públicos.

Essa flexibilização, que aponta na direção de uma política fiscal menos pró-cíclica, é um dos elementos trazidos pela pandemia que entraram em contradição com a ideologia econômica propagada pelo Ministério da Economia encabeçado por Paulo Guedes. O destino do próprio teto de gastos, em cenário que já aponta insuficiência de recursos em 2021, também tem potencial de exacerbar tensões internas ao governo e entre o Executivo e o Legislativo. O anúncio atabalhoado do Plano Pró-Brasil — programa de investimentos públicos pouco substancial da ordem de R$ 30 bilhões até 2022 — feito em abril pelo ministro da Casa Civil, general Braga Netto, sem a presença de membros do Ministério da Economia, chegou a levantar a hipótese de uma guinada da política econômica e eventual saída do ministro da Economia.

A reforma do regime fiscal brasileiro em direção a um arcabouço que permita uma atuação anticíclica e, ao mesmo tempo, estabilize a relação dívida pública-PIB a médio prazo, é uma de nossas agendas macroeconômicas mais urgentes. Além das bandas para o resultado primário, uma revisão do teto de gastos que abra válvulas de escape e possibilite a expansão de despesas prioritárias com efeito multiplicador em períodos de crise é necessária. Além disso, devemos caminhar em direção às regras adotadas em outros países, permitindo, por exemplo, que os gastos públicos se expandam em média com a própria economia e que confiram caráter especial aos investimentos públicos em infraestrutura.

Antes disso, saindo da esfera fiscal para a monetária, nota-se que o papel estabilizador do Estado também ganhou força na pandemia. Como apontou o professor de história da Universidade de Columbia Adam Tooze em artigo recente,[8] a crise financeira global de 2008 já havia provocado nos bancos centrais ao redor do mundo uma mudança de paradigma. A independência em relação aos governos e à política para preservar o foco no combate à inflação deu lugar a uma nova gama de instrumentos e objetivos. "Para lidar com as novas circunstâncias nas quais os reais problemas são a ameaça de deflação, a estabilidade do sistema financeiro e a passividade da política fiscal, o Banco Central Europeu, assim como seus equivalentes, passou de fato a conduzir uma política que vai muito além da estabilidade de preços entendida de forma convencional", escreveu Tooze.

Além da criação de moeda para compra de ativos e injeção de liquidez no sistema financeiro, que já havia alterado substancialmente o tamanho dos balanços dos bancos centrais de países ricos desde 2008 sem impacto inflacionário,[9] a pandemia trouxe à tona o debate sobre a possibilidade do uso da expansão monetária para financiamento direto dos gastos do governo. Em 9 de abril de 2020, o Banco da Inglaterra aumentou temporariamente o valor limite para o saldo negativo na conta que o Tesouro tem junto ao Banco Central para a realização de seus gastos, em procedimento que se assemelha ao do financiamento direto dos gastos públicos pela emissão de moeda. Na Europa, as pressões para que o Banco Central Europeu possa comprar títulos da dívida pública diretamente dos governos de países membros, permitindo que a expansão monetária centralizada financie países periféricos a juros menores, aumentaram em meio à pandemia.

Até mesmo no Brasil, que tem situação distinta, o debate sobre mudança de legislação para permitir a compra de títulos da dívida pública pelo Banco Central no mercado primário (aquele em que os títulos são vendidos diretamente pelo governo) ou um saldo negativo na Conta Única do Tesouro — a conta do governo junto ao Banco Central para a realização de pagamentos — veio à tona durante a crise da Covid-19. É verdade que por não ter levado ainda a taxa básica de juros — a Selic — para zero, o financiamento dos gastos públicos pela emissão de moeda pode não ter nenhuma vantagem em relação à emissão de dívida, já que o Banco Central acabaria tendo de enxugar a liquidez adicional, elevando a dívida pública bruta do mesmo jeito.[10]

Caso não queira se debruçar sobre temas complexos da economia monetária, o leitor pode pular para as próximas seções sem prejuízos. Mas funciona assim: o Banco Central (BC), ao fixar a meta para taxa de juros básica — a Selic —, tem que acomodar toda a demanda por moeda no sistema para evitar oscilações na taxa. Isso é feito através da compra e venda de títulos públicos — as operações de mercado aberto — ou, atualmente, através das operações compromissadas, em que o BC oferece por tempo determinado a base monetária demandada pelos bancos em troca de títulos públicos que servem apenas como colateral, já que depois os bancos têm o compromisso de recomprá-los. Assim como no caso da venda de títulos, as compromissadas também rendem juros para os bancos, e a taxa dessa remuneração é a própria Selic. Mas por que essas operações garantem que a taxa de juros básica se mantenha na meta definida pelo Copom?

Uma das formas de entender esse mecanismo é pensar que a taxa de juros básica é uma espécie de preço do dinheiro. O Banco Central opera enquanto banco dos bancos: os bancos comerciais têm depósitos em suas contas no Banco Central em uma proporção determinada compulsoriamente em relação ao valor de depósitos que as pessoas e empresas têm no sistema bancário. Ou seja, sempre que os bancos aumentam sua oferta de crédito, creditando o valor correspondente nas contas bancárias dos seus correntistas, essas instituições precisam de mais depósitos compulsórios (reservas bancárias) junto ao Banco Central para cumprir a regra.

Caso o Banco Central não reaja a essa demanda maior por reservas pelos bancos, a falta de moeda no sistema provoca um aumento da taxa de juros — o preço do dinheiro sobe. Por isso, para manter a Selic na meta, o Banco Central oferece os depósitos adicionais demandados pelos bancos por meio da compra de títulos públicos das mãos dessas instituições ou da realização de operações compromissadas. Ou seja, o Banco Central, ao fazer essas operações, credita as reservas bancárias no valor correspondente, expandindo assim a base monetária da economia de forma totalmente eletrônica. É exatamente essa postura do BC que faz com que os bancos sejam capazes de colocar mais dinheiro em circulação no sistema: o BC não controla todo o estoque de moeda na economia, já que também valida a criação de moeda feita pelos bancos quando eles optam por conceder um volume maior de empréstimos.

Imaginemos então um cenário em que o Banco Central do Brasil começa a financiar os gastos públicos com a pandemia, expandindo a base monetária no sistema. Se a demanda por moeda é a mesma e os bancos continuam vendo alguma vantagem em reter títulos públicos que rendem juros, isso cria um excesso de oferta de base monetária no sistema. Isso ocorreu nos Estados Unidos durante a crise de 2008: o Federal Reserve comprou os ativos podres das instituições financeiras, creditando suas reservas bancárias no valor correspondente, mas os bancos não quiseram utilizar esse excesso de depósitos junto ao banco central norte-americano para aumentar o crédito. A base monetária criada acabou se tornando um excesso de reservas bancárias, ou seja, depósitos dos bancos muito acima do valor compulsório. Por isso, se os bancos não quiserem ofertar mais crédito para empresas e famílias em meio à forte incerteza gerada pela crise, o excesso de reservas bancárias faz com que o preço do dinheiro — a taxa de juros básica — caia para abaixo da meta fixada pelo Copom.

O BC precisa então enxugar essa criação de base monetária adicional por meio da venda de títulos ou de operações compromissadas reversas, ou seja, oferecendo títulos para os bancos em troca de uma redução no seu saldo de depósitos compulsórios. Ambas as operações implicam aumento da dívida pública bruta. Por isso, quando a taxa de juros é positiva, não faz muita diferença o governo financiar seus gastos emitindo títulos públicos ou via expansão monetária. São apenas duas formas distintas de aumentar o passivo do governo e ambas acarretam um custo em juros. Só mesmo se a Selic tivesse chegado a zero, como já é o caso em países ricos, a criação de moeda pelo Banco Central para financiar o combate à pandemia não teria como levar a taxa de juros a cair mais e, assim, à necessidade de se aumentar a dívida pública via operações compromissadas para mantê-la na meta.

Um detalhe: alguns economistas, como Felipe Rezende, do Bard College,[11] têm proposto há algum tempo um mecanismo que foi utilizado pelo banco central americano durante o Quantitative Easing do pós-crise de 2008. No Brasil, as reservas dos bancos na forma de depósitos voluntários no Banco Central não é remunerada. Por isso, os bancos não têm qualquer incentivo pra manter reservas em excesso no caso de uma expansão monetária: é muito mais vantajoso comprar títulos públicos ou fazer as tais operações compromissadas, que rendem juros. Caso essas reservas excedentes fossem remuneradas, como nos Estados Unidos, a expansão monetária pelo BC poderia não levar a um excesso de oferta de base monetária no sistema e, assim, a uma queda na taxa de juros básica para abaixo da meta. Os bancos manteriam suas reservas em excesso no Banco Central e receberiam uma remuneração em juros. Faz pouca diferença em termos do custo gerado: o governo pagaria juros sobre esses depósitos em vez das operações compromissadas. A diferença é essencialmente contábil: reservas bancárias não entram no cálculo da dívida bruta do governo, apesar de constituírem-se como um passivo do Banco Central, mas operações compromissadas sim. Esse tipo de debate serve também para mostrar que o patamar de dívida pública bruta, utilizado por tantos analistas como uma medida de risco de calote do governo, depende de fatores que nada têm a ver com solvência. Um governo pode ter uma dívida bruta maior porque fixa a sua meta de juros via operações compromissadas e menor se remunera os depósitos dos bancos. Além disso, uma dívida pública em baixo patamar pode apresentar um alto risco de moratória se for em dólares, por exemplo.

Não há uma convenção, portanto, sobre qual é o limite de endividamento dos governos, aquele que levaria ao calote da dívida. Esse limite pode nem sequer existir em alguns países. De acordo com as previsões, a crise da Covid-19 levará a dívida pública bruta japonesa para um patamar bem superior ao seu próprio recorde de 237% do PIB. Já na Itália, a razão dívida-PIB deve subir para mais de 160% do PIB.[12] Nesse exemplo, certamente a dívida japonesa oferece menos risco que a italiana, na medida em que a Itália não emite sua própria moeda — o euro — e depende muito da atuação do Banco Central Europeu. As dívidas elevadas parecem ter se tornado intrínsecas ao capitalismo do século XXI, e o Brasil não foge à regra: as previsões da Instituição Fiscal Independente feitas em maio de 2020, que contabilizaram os primeiros gastos com a pandemia, sugerem que o endividamento do governo brasileiro superará 100% do PIB em 2026. Por isso, talvez o mais relevante para o debate não seja o estabelecimento de um patamar limite de dívida, mas sim sua gestão correta. Nesse sentido, o principal é evitar que esse endividamento leve a um pagamento de juros muito elevado para aqueles que compram os títulos. Afinal, mesmo que as mais variadas instituições e indivíduos tenham suas poupanças remuneradas direta ou indiretamente pelos juros da dívida pública (de fundos de previdência de funcionários da Petrobras a investidores estrangeiros), a maior parte da população nem sequer acumula riqueza. Ou seja, a dívida pública, embora permita que os governos gastem de forma imediata com as necessidades da população, também concentra a renda ao longo do tempo.

O Brasil está sujeito a maiores saídas de capitais e desvalorização da moeda nacional frente ao dólar, sobretudo em contexto de juros mais baixos e incerteza global. Caso viesse a financiar os gastos com emissão de moeda, por exemplo, essa saída de capitais poderia ser ainda maior, a depender de como reagiria a formação de expectativas dos investidores estrangeiros. Difícil prever, mas essas saídas de dólares atingiram patamares inéditos durante a pandemia. Por outro lado, o real desvalorizado também contribui para baratear as exportações brasileiras nos mercados internacionais, o que pode trazer mais recursos de fora via balança comercial.

O debate sobre financiamento dos gastos do governo via emissão de moeda revela mudança gradual na compreensão das funções do Banco Central e a demanda por atuação maior dessa instituição na estabilização da economia em contexto de inflação abaixo do piso da meta ou até de deflação.[13] No Brasil, ao contrário dos Estados Unidos, que têm no mandato de seu banco central o duplo objetivo de combater a inflação e o desemprego, o objetivo oficial é um só: manter a inflação dentro do intervalo da meta. No cenário da pandemia, com a inflação abaixo do piso da meta, nada deveria impedir o BC de dar continuidade à redução da Selic, mesmo que isso implique uma alta maior do dólar.

Mas por que reduzir os juros causa desvalorização da moeda? Quando os juros básicos entram em trajetória de queda, isso reduz a remuneração dos títulos da dívida pública do país, expulsando investidores estrangeiros que buscam ganhos financeiros seguros nesses títulos. A saída desse capital do país, que a incerteza gerada pela pandemia e as sucessivas reduções da taxa de juros pelo Banco Central do Brasil tornaram recorde, diminui a oferta de dólares na economia e, assim, aumenta seu preço em reais. Essa desvalorização do real e as expectativas de que continue ocorrendo leva a uma perda esperada ainda maior dos ganhos financeiros dos investidores estrangeiros com os ativos brasileiros, quando convertidos para dólar. Ou seja, as próprias expectativas de alta do dólar expulsam investidores do país, levando o dólar a subir, em ciclo vicioso que leva bancos centrais a aumentar novamente os juros para atrair investidores, vendendo dólares acumulados (reservas internacionais) para frear a alta no preço ou fazendo *swaps cambiais* — operação em que o Banco Central oferece uma remuneração ao investidor que aposta na alta do dólar em determinada data futura. Ainda que os contratos de *swap* gerem custo para as contas públicas, pois a concretização da alta do dólar exige o pagamento dessas remunerações aos investidores, o Banco Central que tem reservas internacionais também ganha, já que seus ativos em dólar passam a valer mais.

Os movimentos de saída e entrada de capitais do país não dependem apenas da taxa de juros doméstica. Em artigo de 2015 intitulado "Dilemma not Trilemma: The Global Financial Cycle and Monetary Policy Independence", Hélène Rey, da London Business School, mostrou como a taxa de juros básica fixada pelo banco central norte-americano determina boa parte dos ciclos financeiros globais, restringindo a autonomia da política monetária de cada país. Nesse caso, como aponta Rey, o ganho de autonomia para a política monetária dependeria de algum tipo de controle sobre os fluxos de capitais para dentro e/ou para fora do país. Na ausência de tais controles, o que tem impedido que o Brasil passe por uma crise cambial como a de 1999 é o alto volume de reservas internacionais acumulado nos anos 2000 e, como já ressaltado, o baixíssimo percentual de dívida pública denominada em moeda estrangeira. Por isso, o uso de reservas internacionais para pagamento de dívida pública interna ou para a realização de gastos públicos em reais, como proposto por candidatos da centro-esquerda na campanha de 2018, não é uma boa ideia.

Mesmo com as reservas, o Brasil foi o país que mais sofreu desvalorizações da moeda entre janeiro e maio de 2020. Esse movimento pode ser explicado tanto pela queda significativa dos juros quanto, é claro, pela instabilidade política que se somou às crises sanitária, econômica e social. Ainda assim, o Banco Central continuou reduzindo a taxa básica de juros, restringindo suas intervenções a uma combinação entre venda de reservas e *swaps cambiais* para frear as desvalorizações bruscas do real. Essa postura mais branda do Banco Central, que tolerou a alta do dólar sem elevação dos juros, justifica-se plenamente quando a inflação não corre risco de aceleração. Ou seja, o dólar alto não tende a provocar, desta vez, aumento generalizado dos preços da economia, mesmo se levarmos em conta os efeitos do encarecimento de produtos e insumos importados sobre os preços em diversos setores. Além disso, como o Brasil tem volume maior de reservas internacionais do que de dívida pública em dólar, a desvalorização do real reduz dívida líquida do setor público, que abate os ativos do governo e do Banco Central de sua dívida acumulada, pois as reservas em dólar passam a valer mais em reais.

Pode-se dizer, portanto, que o Banco Central já tem um papel mais estabilizador nessa crise do que em crises anteriores: em meio à recessão de 2015, por exemplo, os juros foram elevados sucessivas vezes para conter os efeitos da alta do dólar e do reajuste nos combustíveis, tarifas de energia elétrica e outros preços administrados represados sobre a inflação.[14] Naquela ocasião, o Banco Central subiu os juros mesmo com a alta do desemprego prenunciando queda iminente na inflação — com mercado de trabalho desaquecido, salários crescem menos e preços também. Já na crise de 2020, o Banco Central tem assumido postura expansionista, contribuindo, mesmo que de forma demasiado lenta, para atenuar a queda do PIB.

No dia 6 de maio de 2020, o Banco Central surpreendeu os analistas de mercado e reduziu a Selic em 0,75 ponto, levando-a para 3% ao ano — o menor nível desde a criação do regime de metas de inflação em 1999. Foi a sétima redução consecutiva desde o ciclo de queda iniciado em 2019, e o Comitê de Política Monetária, o Copom, indicou na ata da reunião que outros cortes ainda seriam feitos. É bem possível que o Banco Central interrompa esse ciclo de queda em meio à alta do dólar e à saída cada vez maior de capitais do país, mas se porventura a Selic chegasse a zero, o Brasil chegaria à situação que vigora nos países ricos, em que dá essencialmente no mesmo comprar títulos da dívida pública ou manter o dinheiro na conta. Nesse cenário, fundos de investimento atrelados a títulos da dívida passariam a não render mais juros, por exemplo. Aí o Banco Central poderia até financiar diretamente os gastos públicos com emissão de moeda sem enxugar a liquidez criada com essa operação, ou seja, poderia tornar-se vantajoso trocar a emissão de dívida pública pela expansão monetária.[15]

Em outro movimento relevante realizado no contexto da pandemia, a PEC de orçamento de guerra aprovada no Congresso deu mais poderes ao Banco Central, permitindo a injeção de liquidez no sistema financeiro durante a pandemia através da compra de ativos e títulos do Tesouro no mercado secundário. Ou seja, o Banco Central continua impedido de financiar diretamente os gastos públicos pela compra de títulos da dívida no mercado primário, mas pode fazê-lo para comprar ativos de bancos ou instituições privadas em dificuldades, como nos Estados Unidos. Da mesma forma que ocorreria se essa expansão monetária financiasse os gastos públicos, essa compra de ativos das mãos dos bancos também gera excesso de reservas bancárias, exigindo a realização de operações compromissadas pelo Banco Central para que a taxa Selic fique na meta. Ou seja, a injeção de liquidez no sistema financeiro também gera custo: os juros pagos sobre as compromissadas e o aumento da dívida bruta do governo.

A PEC lançou um debate similar ao que ocorreu com o resgate de instituições financeiras durante a crise de 2008 nos países ricos: em contexto de perda de renda e emprego, por que socializar as perdas dos bancos comprando, por exemplo, seus ativos considerados podres? O debate é importante, sem dúvida, mas pede cuidado. Afinal, esse tipo de atuação pode evitar que a falta de liquidez no sistema financeiro crie uma rodada adicional de contágio da crise, prejudicando novamente o setor real da economia por meio de uma contração na oferta de crédito ou em outras formas de financiamento externo das empresas (ações e títulos).

A saída, nesse caso, é evitar que o resgate de instituições que afetam a estabilidade de todo o sistema (*"too big to fail"*, ou "grandes demais para quebrar") sirva apenas como forma de socializar os riscos corridos pelos mais ricos. Mas a avaliação sobre o que é um ativo podre não é fácil. Embora na PEC do orçamento de guerra tenha sido incluída cláusula restringindo a compra de ativos pelo Banco Central àqueles com classificação de risco superior a BB– (conferida por agências como a Standard & Poor's e a Fitch), é bom lembrar que no caso dos resgates feitos pelo banco central norte-americano em 2008, por exemplo, os ativos comprados não tinham valor quase nenhum no mercado na época, mas geraram ganhos substantivos para o Federal Reserve. As agências de classificação de risco, aliás, tinham avaliado esses ativos como seguros antes da crise, o que as levou a pagar multas vultosas pelo erro cometido. Ou seja, a podridão de um ativo não é intrínseca, mas fruto do comportamento de manada do mercado financeiro, que provoca sua venda massiva e perda de valor. Por isso, mais importante do que estabelecer uma linha de corte no risco dos ativos comprados pelo Banco Central, seria criar contrapartidas para as instituições financeiras beneficiadas pela política.

Na PEC do orçamento de guerra, exigências desse tipo foram incluídas para atender as críticas do debate público: os bancos que venderem os ativos para o BC ficam proibidos, por exemplo, de aumentar o salário de diretores e membros do conselho de administração, inclusive bônus, participação nos lucros e incentivos ligados a desempenho. Assim, reduz-se a possibilidade de apropriação privada dos benefícios dessa política por quem já faz parte do topo da distribuição. Dado o alto nível de concentração do setor bancário brasileiro e a alta margem de lucro desses atores, essas contrapartidas se fazem ainda mais importantes.

Por fim, o papel dos bancos públicos na estabilização da economia também foi escancarado pela pandemia. Em um contexto em que micro, pequenas e médias empresas lutam para sobreviver e se deparam com dificuldades de obtenção de empréstimos no sistema bancário privado, os bancos públicos tornam-se a única alternativa. Infelizmente, essa alternativa vinha sendo desmontada nos últimos anos no Brasil pela devolução de recursos do BNDES ao Tesouro para reduzir os déficits do governo federal e pela demonização das próprias atividades do banco em meio à busca frustrada pela tal "caixa preta". Por isso, ao contrário do que ocorreu no pós-2008, as medidas aprovadas pelo lado do crédito desde o início da pandemia deixaram a desejar tanto no volume quanto no tempo levado para a implementação.

O BNDES expandiu a oferta de empréstimos voltados ao capital de giro de pequenas empresas (com faturamento anual de até R$ 300 milhões), tendo disponibilizado uma linha de crédito de R$ 5 bilhões para isso, além de ter suspendido os pagamentos de dívidas contratadas anteriormente por até seis meses durante a pandemia. O Banco também participou da operacionalização dos financiamentos concedidos por dois meses para pagamento da folha de salários de pequenas e médias empresas. Essa linha disponibilizou $ 40 bilhões para financiamento da folha, dos quais R$ 34 bilhões são de recursos do governo e R$ 6 bilhões dos bancos repassadores. Como contrapartida para o financiamento, feito a uma taxa de juros de 3,75% ao ano e com um prazo de trinta meses para pagamento, as empresas beneficiadas não podem rescindir sem justa causa o contrato de trabalho de seus empregados por até dois meses depois do recebimento da última parcela do empréstimo.

No entanto, as taxas de juros cobradas nas linhas de crédito subsidiado do BNDES aumentaram durante a pandemia, devido à mudança na estrutura de determinação da Taxa de Longo Prazo (TLP) durante o governo Temer.[16] As taxas de juros médias praticadas na linha de crédito do BNDES para capital de giro de micro, pequenas e médias empresas, por exemplo, são de cerca de 13% ao ano. Assim, tanto o volume destinado ao crédito quanto os modelos adotados não se equiparam às medidas implementadas em outros países.[17] Nos Estados Unidos, o Paycheck Protection Program disponibilizou US$ 670 bilhões para empresas com mais de quinhentos empregados a juros de

1% ao ano, que se utilizados para custear a folha de pagamentos não precisam ser pagos. Além disso, a Small Business Administration recebeu US$ 62 bilhões para financiar empresas com menos de quinhentos empregados com prazo de trinta anos e juros de 3,75% (2,75% no caso de instituições sem fins lucrativos). Mesmo o Main Street Lending, destinado ao capital de giro de empresas de maior porte, disponibilizou até US$ 600 bilhões a juros abaixo de 4%.

Que a crise da Covid-19 tenha mostrado que as críticas à condução da política industrial pelo BNDES durante os governos Lula e Dilma não podem servir para eliminar de vez o papel estabilizador dos bancos públicos quando os bancos privados assumem postura defensiva, deixando de emprestar para quem mais precisa pelo alto risco envolvido. No entanto, dada a insuficiência e a inadequação das linhas de crédito criadas no Brasil durante a pandemia, será difícil evitar a quebradeira e, assim, garantir uma recuperação mais robusta após o fim das medidas quarentenárias. Muitos analistas interpretavam essa lacuna na resposta à crise como fruto de problemas técnicos ou mesmo da falta de agilidade da equipe econômica na implementação de medidas voltadas aos pequenos negócios. Para a perplexidade geral, no entanto, o vídeo da reunião ministerial de 22 de abril, revelado por ocasião das investigações de interferência por Jair Bolsonaro na Polícia Federal, deixou claro que se tratava na verdade de uma política deliberada: "Nós vamos ganhar dinheiro usando recursos públicos pra salvar grandes companhias. Agora, nós vamos perder dinheiro salvando empresas pequenininhas",[18] disse Guedes.

2.
O Estado investidor

A função do Estado enquanto formador de capital — em particular, da infraestrutura de transporte, energia, saneamento, moradia, escolas e hospitais — também atravessou distintas fases no pensamento econômico e nas agendas governamentais adotadas ao redor do mundo.

No sistema de contas nacionais[1] que dá origem ao cálculo do PIB, o conceito de investimento (ou formação bruta de capital fixo) não é exatamente aquele que está no senso comum. A compra de ações, títulos ou outros ativos financeiros como forma de alocação de riqueza, por exemplo, não se encaixa no conceito macroeconômico de investimento. Investimentos do setor privado incluídos no cálculo do PIB resumem-se àquilo que expande o capital físico das empresas (compra de máquinas e equipamentos, construção de novas fábricas ou expansão das plantas existentes) e das famílias (construção de novos imóveis residenciais ou reformas substanciais em imóveis existentes). Assim, só é considerado investimento aquilo que leva à formação de um estoque de capital, que no caso das empresas é capaz de aumentar a capacidade produtiva futura: firmas compram novas máquinas ou expandem suas plantas industriais e com isso podem produzir mais. Assim, ao contrário do consumo, o investimento tem um caráter dual: ao mesmo tempo que cria demanda através da compra de máquinas e equipamentos ou materiais para a construção, amplia o potencial de oferta.

Com o governo não é diferente. Só é considerado investimento público aquilo que leva à formação de estruturas físicas que elevam a capacidade produtiva da economia. Isso inclui a construção e o reparo de rodovias, ferrovias, portos, aeroportos, redes de geração e distribuição de energia elétrica, água e esgoto, além de prédios e espaços públicos como parques, escolas, hospitais e moradias sociais. O gasto com pagamento de salários de servidores públicos, aposentadorias e transferências de renda para a população, compra de materiais e outras despesas correntes não são computados como investimento, ainda que também possam trazer ganhos futuros.

O papel do Estado no desenvolvimento da infraestrutura dos países está longe de ser uma novidade. No livro *Roads to Power: Britain Invents the Infrastructure State*, a professora de história da Southern Methodist University Jo Guldi explorou o caráter centralizado do planejamento, investimento e regulação da rede rodoviária britânica com protagonismo estatal entre os séculos XVIII e XIX. O primeiro projeto de larga escala de construção de estradas britânico deu-se a partir de um esforço militar na Escócia entre 1726 e 1773. O segundo, que se aproveitou das técnicas de engenharia desenvolvidas nessa primeira fase, ocorreu no início do século XIX em tentativa de conectar as capitais coloniais de Londres, Edimburgo e Dublin. Nesse contexto, de acordo com a historiadora, teria sido inventado o papel central do Estado no desenvolvimento da infraestrutura — o "infrastructure State", como diz o título do livro.

Mas a história do Estado planejador e investidor em infraestrutura envolveu grandes transformações — da descentralização da administração, que começa no próprio Reino Unido no século XIX, passando pela privatização de redes de telecomunicações, transporte, água, gás e energia liderada por Margaret Thatcher nos anos 1980, à predominância das parcerias público-privadas (PPP) no século XXI. Ainda que este último formato de governança possa ocupar posição intermediária entre o controle totalmente estatal e a privatização, conceder a administração da infraestrutura pública a empresas privadas nunca retirou do

Estado a responsabilidade por sua provisão à população. Esse tipo de estrutura híbrida de governança só pode ser considerado parceria funcional se as três partes envolvidas beneficiam-se da configuração — o setor público, a empresa privada e o público que recebe os serviços. Em particular, a concessão da infraestrutura ao setor privado não isenta o Estado de papel regulador, que garanta a manutenção adequada e a cobrança de tarifas acessíveis. Por ser investimento de alto risco e retorno apenas a longo prazo, a infraestrutura é uma área para a qual o setor privado tem dificuldades de obter financiamento a juros viáveis no mercado de crédito, o que mantém a importância do aporte estatal de recursos. Além disso, o poder público continua responsável por garantir acesso à infraestrutura básica em setores e regiões que o setor privado não considere lucrativos.

Se o papel dos investimentos públicos em infraestrutura passou por transformações importantes na agenda governamental, o mesmo vale para o seu estudo na ciência econômica. Assim como no caso das políticas macroeconômicas, os investimentos em infraestrutura passaram a ser compreendidos como fonte de ineficiências e distorções ou como necessários apenas para solucionar falhas de mercado. Mesmo com o alto valor do estoque de capital estatal, essa variável foi essencialmente ignorada nas teorias e estudos empíricos que buscavam explicar a trajetória de crescimento da capacidade produtiva das economias nos anos 1980. Somente em 1989, um artigo publicado por David Aschauer trouxe o debate sobre o papel do Estado enquanto investidor de volta à tona na pesquisa acadêmica *mainstream*, ao apresentar evidências de que a queda na produtividade dos Estados Unidos nos anos 1970 havia sido precipitada pela redução nas taxas de investimento público. O autor encontrou, ainda, uma relação positiva entre investimento público em infraestrutura e o PIB, e entre investimento público e investimento privado. Além de levar a uma proliferação de estudos e questionamentos da metodologia utilizada, os achados de Aschauer foram utilizados na esfera das políticas públicas nos Estados Unidos para defender a expansão dos investimentos em infraestrutura.[2] A complementaridade entre investimentos públicos e privados também foi encontrada por outros autores, que a interpretaram a partir dos impactos negativos sobre custos de produção.

Fora do *mainstream* econômico, no entanto, os efeitos dos investimentos públicos em infraestrutura sobre o crescimento econômico nunca deixaram de ser estudados. No livro *Technological Revolutions and Financial Capital*, a professora da University College London Carlota Perez considera a infraestrutura apropriada uma das condições para a emergência de cada nova revolução tecnológica, a partir de uma abordagem schumpeteriana. De acordo com Perez, a infraestrutura exigida pelas novas indústrias do setor de vanguarda afeta toda a estrutura industrial, pois cria um novo paradigma tecnológico. Já na macroeconomia keynesiana, a complementaridade entre investimento público e investimento privado pode ser explicada pelo lado da demanda, à medida que o estímulo à economia e o efeito multiplicador desse tipo de gasto governamental eleva a renda, os empregos e as vendas das empresas, estimulando decisões de comprar máquinas e equipamentos para expandir sua capacidade produtiva.

Desde a crise de 2008, o debate sobre a necessidade de o governo contribuir com a recuperação das economias levou à proliferação de artigos que estimam efeitos multiplicadores de diferentes componentes do gasto público, formando relativo consenso sobre o impacto maior dos investimentos. A compilação de estimativas realizadas em 104 estudos, publicada por Sebastian Gechert, encontrou que o efeito no PIB de cada unidade monetária gasta pelo governo em investimentos é entre 0,3 e 0,8 maior do que a do gasto governamental total. A crise de 2008 e o debate subsequente sobre a importância dos investimentos públicos certamente prepararam o terreno para torná-los, em 2019, o eixo fundamental das propostas econômicas apresentadas por deputados democratas nos Estados Unidos para combater a mudança climática e as desigualdades — o Green New Deal. O nome do programa remete ao momento histórico em que a recuperação da economia norte-americana se deu a partir de vultosos investimentos em obras públicas na construção de usinas hidrelétricas, barragens, pontes, hospitais, escolas e aeroportos: o *New Deal* de Franklin Roosevelt, que ao gerar milhões de empregos deu o impulso necessário para reerguer os Estados Unidos da Grande Depressão dos anos 1930.

Em que medida a pandemia contribui para trazer à tona o papel do Estado no desenvolvimento da infraestrutura do país?

Primeiro, do ponto de vista do bem-estar da população, os efeitos dos investimentos em infraestrutura básica são ainda mais evidentes do que seus impactos sobre o crescimento econômico, já que oferecem o acesso a serviços essenciais como saneamento, transporte, eletricidade e moradia ou mesmo educação e saúde. No caso brasileiro, lacunas e desigualdades históricas no acesso à infraestrutura tornaram-se ainda mais visíveis sob os impactos da pandemia.

No caso do acesso à água encanada e esgoto tratado, cruciais para prevenir o contágio pelo vírus, as carências são escandalosas. A Pesquisa Nacional por Amostra de Domicílios Contínua de 2018, feita pelo IBGE, mostrou que 72,4 milhões de brasileiros ainda viviam em domicílios sem acesso a rede geral de esgoto, o que representa 33,7% da população. Nesse âmbito, como em muitos outros, as disparidades regionais são gritantes. Enquanto no Sudeste, 88,6% dos domicílios tinham ligação à rede geral ou fossas ligadas à rede geral de esgotos, no Norte esse percentual é de apenas 21,8% e no Nordeste, de 44,6%. Mesmo a disponibilidade diária de água em rede geral ainda não é uma realidade para um grande número de brasileiros. No Nordeste, 69,1% dos domicílios tinham acesso diário a água em rede geral, enquanto 14,7% tinham disponibilidade de água entre uma e três vezes por semana e 14,4% entre quatro e seis vezes. Isso significa que 12 milhões de moradores da região não tinham disponibilidade diária de água da rede geral de abastecimento em 2018. No Acre e Pernambuco, menos de 50% dos domicílios tinham água disponível diariamente.

Essas desigualdades também aparecem em outros aspectos que exigiriam investimentos substanciais pelas diferentes esferas do poder público. Os dados do Censo 2010 revelam grandes disparidades na situação das moradias. No Brasil, 5,6% dos domicílios têm mais de três moradores por dormitório, o que é considerado densidade excessiva nos parâmetros do IBGE. Nas regiões metropolitanas de São Paulo e Rio de Janeiro, esse percentual sobe para 8,7% e 7,3%, respectivamente. Esse índice chega a ser de 14% na região Norte e de 17,3% na região metropolitana de Manaus.

Com as redes de hospitais, que demandam investimentos públicos para construção e compra de equipamentos, não poderia ser diferente. Conforme nota técnica publicada pelo Instituto de Estudos para Políticas de Saúde com base em dados de janeiro de 2020, 56% da população brasileira vive em áreas com menos de dez leitos de UTI do Sistema Único de Saúde (SUS) por 100 mil habitantes, ficando abaixo do mínimo mesmo para um ano típico, sem a influência da pandemia.[3] Das 316 regiões de saúde com número de leitos de UTI pelo SUS abaixo do mínimo, 142 não possuem leito algum, o que corresponde a 14,9% da população dependente exclusivamente do SUS. Essa população desatendida concentra-se nas regiões Nordeste (30,5% da população unicamente dependente do SUS), Norte (22,6%) e Centro-Oeste (21%). Ao analisar a distribuição dos respiradores, a nota revela uma situação ainda mais dramática. Mesmo a região do Rio de Janeiro, que conta com 8,6 leitos de

UTI e 39,7 respiradores para cada 100 mil usuários, encontra-se abaixo do mínimo recomendado.

Por fim, a pandemia também revela a importância dos investimentos públicos na área de transporte, conforme crescem os obstáculos ao abastecimento de produtos alimentares e outros bens essenciais demandados pela população em meio às medidas quarentenárias.

Os investimentos públicos também podem se fazer necessários na segunda fase da crise, ou seja, para estimular a retomada da economia após o controle da disseminação do vírus. Não à toa, veio à tona a discussão sobre um "novo Plano Marshall", em referência ao programa de ajuda econômica dos Estados Unidos para a reconstrução europeia do pós-Segunda Guerra. Não que os Estados Unidos, a China ou mesmo os organismos multilaterais tenham a intenção de financiar um plano como esse, mas o fato é que os investimentos governamentais ganharam atenção renovada no debate público.

Apesar das muitas promessas, nenhuma retomada da economia costuma vir puxada por investimentos privados. As empresas só decidem expandir a capacidade produtiva, investindo em novas máquinas e equipamentos, quando veem a demanda crescer. Da mesma forma, o consumo também depende do próprio crescimento da renda. Por isso, a recuperação em situação de crise exige a injeção de algum componente autônomo de gasto. Às vezes esse motor vem das exportações, mas ainda que o Brasil eleve as vendas de alimentos em mercados internacionais durante a pandemia, a crise da Covid-19 gerou uma queda da renda e do comércio global de proporções inéditas. Daí a importância de um motor estatal como o dos investimentos em infraestrutura.

No Brasil, o anúncio de um plano incipiente de investimentos da ordem de R$ 30 bilhões até 2022 pelo Ministério da Casa Civil — o Pró-Brasil — está longe de significar uma opção nessa direção. Sobretudo se considerarmos suas repercussões, que ao associarem o modesto Plano a uma eventual irresponsabilidade fiscal por parte do governo, levaram ao recuo do próprio general Braga Netto, que o havia anunciado. "Houve uma interpretação equivocada do Pró-Brasil", disse o ministro da Casa Civil. "Em nenhum momento se pensou em sair do trilho programado pela Economia", declarou ele no fim de abril. Sobre o tema, o ministro da Economia Paulo Guedes disse apenas que a aprovação do novo marco regulatório na área de saneamento básico poderia trazer R$ 100 bilhões em investimentos privados — o que além de improvável, certamente não resolveria nossas abissais desigualdades na área. Ainda assim, na mesma ocasião, Guedes admitiu a possibilidade de elevar o orçamento do Ministério da Infraestrutura dos R$ 7,7 bilhões previstos para 2021 para R$ 12 bilhões, que de acordo com o próprio ministro não colocariam o país para "voar".[4] Nenhuma dúvida quanto a isso.

Mas por que o Estado brasileiro tem orçamento tão baixo para investimentos públicos em infraestrutura? Além da falta de prioridade na alocação de recursos para investimentos cujos resultados só vêm a longo prazo, muitas vezes após o fim dos mandatos em que as obras foram iniciadas, as regras fiscais brasileiras costumam penalizar desproporcionalmente essa rubrica em situações de ajuste nas contas públicas. Dado o conjunto de despesas que o governo é obrigado a fazer a cada ano — pagamento de salários e aposentadorias e gasto mínimo constitucional com saúde e educação, por exemplo —, os investimentos, que são o principal componente das despesas discricionárias (aquelas sobre as quais o governo tem o poder de decisão e margem de manobra para cortar), acabam funcionando como resíduo. Em períodos de expansão, em que a arrecadação de impostos cresce, o governo abria espaço para expandi-los sem descumprir a meta de resultado primário. Já na recessão, a necessidade de corte se dá sobretudo sobre esse tipo de despesa. A nível estadual e municipal, as regras impostas na Lei de Responsabilidade Fiscal têm efeito semelhante sobre esses investimentos.

Além disso, com o teto de gastos aprovado em 2016, o espaço para despesas discricionárias e, consequentemente, para investimentos cai a cada ano. Mesmo com a aprovação da reforma da Previdência em 2019, que reduzirá o ritmo de crescimento das despesas com aposentadorias, as despesas obrigatórias continuam aumentando, ainda que em velocidade menor. Como o teto só é reajustado pela inflação, a fatia do Orçamento que sobra para investimentos tende a zero ao longo do tempo. Ainda que em 2019 a principal restrição tenha vindo da meta de resultado primário em meio às frustrações de receitas, as projeções da Instituição Fiscal Independente sugerem que o teto de gastos corre o risco de ser descumprido já em 2021, dada a falta de margem de manobra para manter a máquina pública funcionando.

Antes que se conclua que a solução é cortar mais despesas obrigatórias com saúde, educação, salários de servidores ou benefícios sociais, cabe notar que além da importância de algumas dessas despesas, muitas delas nem sequer vinham em trajetória de crescimento expressivo. Em artigo publicado em 2019, Manoel Pires e Braulio Borges apresentam evidências contrárias à visão que passou a dominar o debate econômico de que o pacto social expresso na Constituição de 1988, por si só, provocava expansão insustentável de despesas obrigatórias, devendo, portanto, ser revisto.[5]

Pires e Borges mostram que as despesas obrigatórias vinham em trajetória de desaceleração, pois cresceram, em média, 6,6% ao ano entre 1998 e 2002, 7,4% ao ano entre 2006 e 2010, 4,9% ao ano entre 2011 e 2014 e 2,1% ao ano entre 2015 e 2018. Ao retirar os gastos com a previdência, esse conjunto de despesas só subiu 1,1 ponto percentual em relação ao PIB em trinta anos, entre 1986 e 2016. A expansão que houve nas despesas obrigatórias com a assistência social e a previdência se deveu, em boa parte, aos reajustes do salário mínimo, que serve como piso para os benefícios. Embora certamente haja iniquidades importantes nos salários de servidores, como no caso dos supersalários no Judiciário e Legislativo, os gastos com funcionalismo tiveram tendência de queda em relação ao PIB desde os anos 1990.

Voltando aos investimentos públicos, a trajetória é mais volátil, mas apresentou alta, de menos de 3% para mais de 10% do PIB, na era desenvolvimentista (1930-79), seguida de queda rápida nas décadas de 1980 e 1990. Em 2005, quando teve início novo ciclo de expansão coordenado pelo Programa de Aceleração do Crescimento (PAC), o patamar desses investimentos era inferior aos 3% do PIB observado em 1947. O programa previu bloco substantivo de investimentos nas áreas de energia (54,5% do total), infraestrutura social e urbana, que inclui habitação e saneamento (33,9% do total) e infraestrutura logística, como rodovias, aeroportos, ferrovias, hidrovias e portos (11,6% do total). Descontadas as críticas no plano ambiental e de desenvolvimento urbano (o programa passou longe de solucionar problemas de transporte entre a periferia e o centro das grandes cidades, por exemplo), o resultado foi expansão de mais de 25% ao ano nessa rubrica entre 2006 e 2010. O valor parece substantivo, mas não foi capaz de levar os investimentos públicos a nem sequer 5% do PIB — patamar inferior ao que vigorou em 1960.

Como mostra o pesquisador do Ipea Rodrigo Orair,[6] essa expansão dos investimentos no segundo governo Lula só foi possível por duas razões. Primeiro, pelo alívio na situação orçamentária causado pelo crescimento econômico e, consequentemente, pela expansão da arrecadação de impostos.[7] Segundo, porque a meta de resultado primário foi flexibilizada, deixando de contabilizar os investimentos públicos do PAC entre as despesas. Essa mudança, que deu tratamento fiscal diferenciado aos investimentos capazes de gerar retorno de longo prazo, em linha com recomendações de organismos multilaterais, foi introduzida no Projeto Piloto de Investimentos (PPI), criado em 2005.

O problema é que com as restrições orçamentárias maiores a partir de 2011 e a opção por reorientar a política econômica para desonerações, crédito subsidiado e outras medidas destinadas a incentivar os investimentos do setor privado, esse instrumento originalmente seletivo acabou sendo utilizado para incluir despesas que nada tinham a ver com investimentos prioritários. "O próprio PAC teve critérios de enquadramento flexibilizados e acomodou crescente volume de despesas que não são investimentos propriamente ditos. Fazendo emergir uma situação paradoxal retratada [...]: enquanto a Formação Bruta de Capital Fixo do governo central permaneceu praticamente estagnada nos anos 2010-14, os volumes de execução do PAC dobraram, influenciados por reclassificações e outras despesas como os subsídios do programa Minha Casa Minha Vida."

A partir de 2015, os investimentos públicos entraram em queda livre, chegando a uma proporção do PIB inferior à observada em 1999. No terceiro trimestre de 2019, por exemplo, o total de investimentos do governo federal, estados e municípios, descontado o valor necessário para cobrir a depreciação das estruturas existentes (como o aporte de recursos necessário para o reparo e manutenção de rodovias), teve saldo negativo de R$ 11,4 bilhões. Ou seja, o governo tem investido menos do que o necessário até para manter a infraestrutura existente. Ainda que também haja dificuldades na execução desses investimentos, que foram agravados pelos escândalos da Operação Lava Jato envolvendo as maiores construtoras do país, a falta de recursos elevou o número de obras paradas no país — só na área da saúde, um levantamento do Tribunal de

Contas da União sugere que pelo menos R$ 613,9 milhões do governo federal estão em empreendimentos inacabados, entre reformas, ampliações e construções.[8] Além disso, um levantamento feito pela revista *piauí* em outubro de 2019 revelou que a cada cem quilômetros de rodovia pavimentada no Brasil, 59 estavam com problemas de conservação. Na comparação com o ano de 2018, o número de pontos críticos nas rodovias do país — buracos, pontes caídas, erosões na pista e quedas de barreiras — disparou de 454 para 797.[9]

Além de aumentar as carências de infraestrutura escancaradas pela pandemia, e considerando os efeitos multiplicadores sobre a renda e os empregos estimados para esses investimentos no Brasil, não é exagero afirmar que a queda dos investimentos feitos diretamente pelo Estado respondeu por parte significativa da recessão observada entre 2015-6 e da lenta recuperação que se seguiu. A dissertação de mestrado de Marina Sanches, do Departamento de Economia da FEA-USP, estima esses multiplicadores, que parecem ainda maiores em momentos de crise, e conclui que os cortes de investimentos públicos foram responsáveis por aproximadamente 20% da perda de produto observada no país desde 2014.[10] Um ajuste pela via do aumento de impostos, por exemplo, teria sido menos danoso. Além disso, caso a expansão observada em desonerações e subsídios entre 2011 e 2014 tivesse sido direcionada para investimentos públicos diretos, o PIB brasileiro teria crescido 4,7% ao ano naquele período, em média, em vez dos 4% observados.

Diversos estudos encontraram associação positiva entre investimentos públicos e privados, afastando a hipótese do *crowding-out*, ou seja, de uma substituição dos investimentos privados pelos públicos.[11] A resposta fraca — para não dizer nula — dos investimentos privados a todas as promessas de melhora na confiança dos empresários desde o impeachment da ex-presidente Dilma Rousseff, passando pela aprovação do teto de gastos e da reforma da Previdência, parece confirmar a necessidade de estabelecer motores autônomos de dinamismo na economia. Investimentos privados respondem, sobretudo, às expectativas de crescimento das vendas. Dada a sua capacidade de elevar a renda e gerar empregos — o setor de construção civil, aliás, foi o que mais respondeu pela perda de empregos formais no país desde 2015 —, os investimentos públicos poderiam ter dado o impulso necessário para reativar decisões do próprio setor privado de expandir sua capacidade produtiva. Como a perda de empregos na construção civil atinge desproporcionalmente os trabalhadores menos escolarizados, a expansão desses investimentos também pode reduzir desigualdades salariais e contribuir para reverter a queda da renda e o aumento da informalidade na base da pirâmide.

Não está claro se a pandemia irá mudar os rumos da condução dessa política, o que exigiria, por exemplo, a retirada dos investimentos públicos do teto de gastos e a fixação de um limite próprio para seu crescimento. Propostas nesse sentido já vieram até mesmo de economistas que defendem o teto de gastos e as linhas gerais da estratégia de ajuste fiscal adotada desde 2015.[12] Endividar-se mais para investir na formação de estruturas que geram retorno futuro para o próprio Estado e para a sociedade não deveria assustar nenhum empresário, habituado a fazê-lo para seus próprios investimentos, e nem mesmo famílias, que não costumam, por exemplo, considerar irresponsável tomar um empréstimo para comprar um imóvel.

As transferências aprovadas de recursos pelo governo federal aos estados e municípios, que não estão sujeitas ao teto de gastos, certamente contribuem para a execução de obras paradas e a realização de novos investimentos pelos entes subnacionais. Afinal, quando cai o nível de atividade econômica e, assim, a arrecadação de impostos estaduais e municipais (ICMS e ISS, por exemplo), a Lei de Responsabilidade Fiscal também restringe muito o espaço para investimentos dos governadores e prefeitos. A União, que tem capacidade de emitir títulos da dívida pública em mercado, tem também a responsabilidade de articular mecanismos de solidariedade fiscal entre os entes federativos nesse cenário — um tema que aliás encontra paralelo no debate econômico da União Europeia desde 2008. Na pandemia, as transferências a estados e municípios pelo governo federal garantiram a construção de hospitais de campanha e inúmeros investimentos prioritários na área da saúde, em contexto de alta fragilidade nas contas públicas de muitos entes subnacionais brasileiros.

Além de regras fiscais favoráveis à realização de obras públicas e da solidariedade fiscal entre os entes federativos, o Estado também pode contribuir para a expansão dos investimentos privados em infraestrutura pelo lado do financiamento de longo prazo a juros viáveis. Enquanto os juros obtidos junto aos bancos privados nacionais costumam tornar impraticável a obtenção de crédito para projetos de infraestrutura no país, os empréstimos junto a bancos estrangeiros a juros menores, por elevarem o endividamento em dólar de empresas nacionais, aumentam sua vulnerabilidade a choques externos como os provocados pela pandemia. Mais uma vez, o papel crucial dos bancos públicos e, em particular, do BNDES vem à tona.

3.
O Estado protetor

O conjunto de intervenções estatais que visam garantir a provisão de um sistema de proteção social para a população constitui o Estado de bem-estar social — uma forma de organização cujas origens podem ser encontradas ao menos desde o fim do século XIX na Alemanha, mas que só se tornou generalizada na Europa após a Segunda Guerra. Em sua versão moderna, o Estado de bem-estar social inclui tanto a provisão de serviços de educação e saúde gratuita e universal, quanto os programas de assistência e de seguridade social (aposentadorias, seguro-desemprego e outras transferências de renda ou de mercadorias) voltados à proteção dos mais desfavorecidos. Mas foram justamente os programas de assistência social organizados em escala nacional que surgiram na década de 1880 na Alemanha: o chanceler Otto von Bismarck introduziu primeiro, em 1883, um seguro-doença; depois, em 1884, um seguro contra acidentes e, por fim, em 1889, um seguro de aposentadoria e invalidez. O financiamento desses seguros sociais era paritário, pago pelo empregador e pelo trabalhador, como aliás continua a ser na Alemanha de hoje.

Redes de proteção social similares foram adotadas em outros países da Europa até chegar à Inglaterra, que implementou um sistema de aposentadorias e de seguro-desemprego durante a primeira guerra mundial. Nos Estados Unidos, a criação de redes de proteção social organizadas pode ser atribuída ao New Deal de Roosevelt: em meio aos efeitos dramáticos da Grande Depressão dos anos 1930 e já com os sistemas de seguridade social europeus bastante desenvolvidos, o presidente editou em 1935 o Social Security Act, que previa um sistema de aposentadorias, seguro-desemprego e de benefícios sociais para pessoas com deficiência e crianças de famílias sem pai presente. Entre 1960 e o início dos anos 1980, a era de ouro da proteção social, os gastos sociais quase dobraram em relação ao PIB nos países da OCDE. Mas assim como no caso de outras funções do Estado, essas despesas estagnaram em relação ao tamanho das economias nas décadas de 1980 e 1990, mesmo com o envelhecimento populacional e as crescentes pressões sobre a Previdência.

Desde os primórdios, os sistemas de proteção social distinguiram-se tanto por suas bases de financiamento quanto pelo grau de universalização dos benefícios: enquanto países nórdicos garantem benefícios universais com uma estrutura progressiva de tributação, o modelo anglo-americano enfatiza a garantia de um mínimo existencial apenas para os mais vulneráveis, o que pode ser garantido com uma base de tributação menor. Já o modelo alemão, considerado intermediário, manteve sua base contributiva.

O debate sobre universalizar ou focalizar benefícios sociais naqueles que mais precisam passou por diferentes fases na pesquisa econômica, nas outras ciências sociais e nas agências de desenvolvimento. Nos anos 1970 e 1980, muitos países pobres e de renda média deslocaram-se das políticas sociais mais amplas, que enfatizavam benefícios universais, para programas destinados à fração da população que satisfazia determinados critérios. Nos países ricos, essas transformações se deram sobretudo nos anos 1990, por meio da adoção de critérios de elegibilidade cada vez mais rígidos para o recebimento de benefícios. Até mesmo na Suécia, diferentes camadas de seletividade foram introduzidas, o que levou pesquisadores a concluir que se tratava de um abandono gradual do universalismo.[1]

Até então, a universalização era defendida sobretudo com base na dificuldade de identificar corretamente os mais pobres, o que pode até tornar os benefícios universais mais baratos do que os focalizados, seja pelos conflitos gerados entre os excluídos pelo sistema e os beneficiários, seja pela tendência de políticos se aproveitarem dos programas focalizados para clientelismo. Já a focalização, além de exigir menores recursos, ganhou apoio de economistas e executores de políticas públicas com base em evidências empíricas de ganhos de eficiência na redução da pobreza e efeitos positivos a longo prazo oriundos da imposição das condicionalidades adequadas para o recebimento dos benefícios, como a obrigação de matrícula de crianças na escola.[2]

Mas as rápidas transformações observadas no século XXI trouxeram a defesa da universalização de benefícios de volta à tona. Novos riscos sociais surgiram a partir de mudanças no equilíbrio entre trabalho e vida familiar, pelo aumento da participação das mulheres na força de trabalho, pela precarização das relações trabalhistas e pelo impacto da globalização sobre as políticas econômicas domésticas. No relatório da Comissão Global para o Futuro do Trabalho publicado em 2019 — ano do centenário da Organização Internacional do Trabalho (OIT) —, essas transformações foram apresentadas como os desafios mais importantes do nosso tempo.

"Mudanças tecnológicas — inteligência artificial e robótica — vão criar novos empregos, mas aqueles que perderão seus empregos nessa transição podem ser os menos equipados para aproveitar as novas oportunidades de trabalho. As qualificações de hoje não vão corresponder aos empregos de amanhã e as novas qualificações adquiridas podem se tornar rapidamente obsoletas. Deixada em seu curso atual, a economia digital provavelmente irá aumentar tanto as divisões regionais, quanto de gênero. E os websites de *crowdworking* e o trabalho por aplicativos que constituem a economia das plataformas podem recriar práticas de trabalho do século XIX e gerações futuras de 'trabalhadores digitais diários'. Fazer a transição para um futuro do trabalho que respeite o planeta e procure interromper o aquecimento global vai perturbar ainda mais os mercados de trabalho. O crescimento da população jovem em algumas regiões irá exacerbar o desemprego entre jovens e as pressões migratórias. O envelhecimento populacional em outras vai colocar pressão adicional sobre os sistemas de seguridade social e cuidado", alerta o relatório.[3]

Não é difícil prever que essas tendências irão exacerbar uma série de desafios, que vão desde o desemprego, a informalidade e a pobreza extrema no mundo subdesenvolvido, até a estagnação dos salários causada pela competição via redução de custos de produção nos países de renda alta e média. As desigualdades de gênero, renda e riqueza, que já se faziam cada vez mais presentes em muitos países desde a década de 1980, também tendem a ser ampliadas. Nesse contexto, a agenda proposta pelo relatório da OIT passa por três grandes eixos.

Primeiro, como aqueles que perderão empregos tendem a ser os menos preparados para aproveitar oportunidades de trabalho trazidas por essas transformações, a recomendação é priorizar investimentos em educação e treinamento, além de oferecer um sistema de proteção social universal, que combina um piso de proteção (renda básica) com um sistema de seguridade social contributivo. O segundo eixo refere-se ao investimento nas instituições que regulam o trabalho. O relatório propõe a criação de uma Garantia Universal do Trabalho para o direito a um salário digno, a um limite máximo de horas trabalhadas, à segurança e à saúde no trabalho em todos os tipos de arranjo contratual, incluindo o mediado por aplicativos ou plataformas digitais. Além disso, a diretriz é incentivar as formas de representação coletiva, que deveriam integrar os trabalhadores informais e utilizar os próprios meios digitais como forma adicional de organização. Por fim, no terceiro eixo da agenda estão os investimentos na criação de empregos decentes e compatíveis com o desenvolvimento sustentável, o que inclui desde a economia rural até a infraestrutura social, física e digital para o suporte aos serviços de alto valor agregado.

Mas são muitos os obstáculos ao cumprimento da agenda proposta. De um lado, nada indica que as novas oportunidades de emprego se darão nas mesmas regiões do mundo em que haverá maior destruição de postos de trabalho pelas transformações tecnológicas. Como não há livre mobilidade de trabalhadores entre países, não basta, portanto, educar e treinar aqueles que foram excluídos, pois pode não haver empregos de maior qualidade para absorvê-los em seus países de origem.

As redes de proteção social pensadas para a "transição" podem tornar-se necessidade permanente nas regiões menos desenvolvidas, recaindo desproporcionalmente sobre os Estados com menos condições de financiá-las. A geração de novos empregos por meio de investimentos públicos em infraestrutura física e social também esbarra em limites nos países pobres, que têm menor acesso a crédito barato nos mercados internacionais e muitas vezes estão sujeitos a condicionalidades do FMI. O relatório menciona ainda a possibilidade de taxar os gigantes da tecnologia como forma de aumentar a base de financiamento da agenda. A proposta é bem-vinda, mas não parece suficiente para evitar que, mais uma vez, o lado mais fraco saia perdendo.

A agenda de proteção social proposta nesse relatório não caiu do céu. Diante da redução de empregos industriais e enfraquecimento das formas sindicalizadas de organização entre trabalhadores, o debate sobre a renda básica universal e a criação de direitos pela legislação trabalhista já vinha ganhando força entre economistas e políticos. Como ressaltam Jurgen De Wispelaere e Lindsay Stirton em artigo de 2004, a renda básica, em particular, constitui para pesquisadores e gestores um paradigma distinto dentro da teoria de bem-estar contemporânea, ainda que haja discordâncias mesmo entre seus defensores. Enquanto estudos sustentam a criação de um sistema de imposto de renda negativo, outros são a favor de uma renda básica incondicional e um terceiro grupo acredita em dotações universais de riqueza, por exemplo.

Na proposta de imposto de renda negativo, nos termos criados por Milton Friedman em 1962, os impostos sobre a renda só são aplicados para aqueles com rendimentos a partir de certo patamar. Para os que ganham abaixo desse valor, é concedido um benefício, daí a expressão "imposto negativo". Mas a defesa do imposto de renda negativo por Friedman não se dá a partir da ideia de que o Estado deve promover a justiça social pela via redistributiva. Como essas intervenções também são vistas como geradoras de distorções no sistema, o ideal seria deixá-las para os indivíduos — os mais ricos, a partir de sua liberdade de escolha, podem decidir fazer doações ou outras formas de caridade. No entanto, caso a alta desigualdade também seja capaz de distorções associadas à maior criminalidade ou ao caos social, uma ação do governo pode se fazer necessária. Mas não qualquer intervenção redistributiva: Friedman exclui tudo aquilo que altera o funcionamento dos mercados ou o sistema de preços (salário mínimo, tarifas e transferências na forma de mercadorias, por exemplo) e o que gera maiores custos fiscais e administrativos (como os decorrentes da seleção de beneficiários). O imposto de renda negativo satisfaz essas restrições e é defendido por Friedman como um sistema mais eficiente de redução da pobreza — prático e com custos transparentes.

Já na proposta de renda básica universal, todos os cidadãos recebem automaticamente um valor mensal alto o suficiente para colocá-los acima da linha de pobreza, sem a exigência de critério adicional de elegibilidade (renda abaixo de certo patamar, por exemplo). Na prática, o sistema redistributivo criado é similar ao anterior, pois se o financiamento da renda básica vier por uma estrutura de tributação progressiva sobre a renda, em que alíquotas maiores incidem sobre os rendimentos do topo da pirâmide, os mais pobres receberiam um benefício e os mais ricos acabariam pagando mais impostos do que a renda mínima a que teriam direito. Ou seja, o imposto líquido, que subtrai do que é pago em tributos a renda universal recebida, torna-se cada vez mais positivo conforme subimos para as faixas de renda mais altas. Como aponta Davide Tondani em artigo de 2009, essa semelhança tem gerado confusão no debate econômico. A proposta feita por um conhecido pesquisador em desigualdade, Anthony Atkinson, por exemplo, é de um imposto de renda negativo combinado a um sistema de alíquotas únicas de tributação da renda a partir de certo patamar. Mas na tradução do livro em italiano, o programa de Atkinson foi chamado de "renda mínima garantida".

Mas os princípios que norteiam as duas propostas são distintos. Com a renda básica universal, viver fora da pobreza é entendido como um direito básico, tal como o direito à saúde ou à educação. No sistema universal de saúde, por exemplo, o direito à utilização do serviço não depende da história prévia do cidadão — suas doenças anteriores, se cuida bem da saúde etc. O mesmo ocorre com a renda básica: a renda acumulada não tem peso na garantia do benefício. A liberdade é entendida de forma distinta daquela que sustenta a ideia de não intervenção do Estado: um indivíduo só é realmente livre se tem acesso aos meios e direitos básicos para exercer sua liberdade. Como aponta o professor de sociologia da University of Wisconsin-Madison Erik Wright, um sistema generoso de renda básica poderia transformar profundamente as relações entre empregados e empregadores, já que oferece a liberdade para que as pessoas realizem atividades não mercantilizadas, mas socialmente produtivas. O exemplo mais frequente, também dado por Wright, é o das atividades relacionadas ao cuidado — das crianças, idosos e doentes, por exemplo. Mas o engajamento em atividades artísticas, políticas ou de serviço comunitário também seria facilitado por um sistema desse tipo. Além disso, mesmo para aqueles que optassem por entrar em relações de trabalho convencional, a existência de um piso para a renda criaria uma simetria de poder entre trabalhadores e empregadores, mesmo na ausência de sindicatos e outras formas de negociação coletivas. Como aponta Wright, isso valeria sobretudo para trabalhadores de baixa qualificação e baixos salários.

Dada a magnitude de um programa desse tipo, seus defensores costumam defender sua implementação de forma incremental, o que pode se dar a partir de políticas de renda básica para universos específicos da população — crianças, jovens ou idosos, por exemplo —, que seriam progressivamente universalizadas. Nesse sentido, programas sociais focalizados pré-existentes podem servir de base para essa universalização.

Por fim, na proposta de dotação universal de capital, defendida por Thomas Piketty em seu mais recente livro, *Capital and Ideology*, o cidadão que atinge determinada idade recebe um valor significativo — uma vez só, não mensalmente — para formar seu estoque de riqueza inicial. A ideia é que na ausência desse aporte de recursos, somente os filhos de famílias que já acumularam patrimônio ao longo do tempo têm condições de financiar sua educação, a abertura de negócios, a compra de imóveis e assim por diante, perpetuando a situação de desigualdade. A defesa desse tipo de solução vem atrelada a propostas de tributação da riqueza (grandes fortunas, impostos patrimoniais sobre terras ou imóveis e heranças, por exemplo). Embora ambas as formas de pensar a universalização de benefícios tenham elementos em comum, já que um estoque de riqueza alto pode garantir um fluxo de rendimentos ao longo do tempo, o princípio básico que norteia as duas políticas é distinto. No caso da dotação de capital, a ideia é garantir igualdade de oportunidades, mas os indivíduos ficam responsáveis por garantir seus rendimentos. Já com a renda básica, prevê-se a criação de um sistema de redistribuição que garanta de forma permanente um nível mínimo de oportunidade e cidadania.

Esses três modos de pensar na garantia de uma renda básica aparecem no debate econômico por proponentes distintos. Defensores de um Estado mínimo nas cinco dimensões abordadas neste livro podem defender um imposto de renda negativo. Nesse sentido, o beneficiário também utilizaria o valor recebido do Estado para adquirir serviços de saúde e educação privados, por exemplo. É a renda básica entendida como um *voucher* que substitui o próprio Estado de bem-estar social. Já as defesas da renda básica universal ou de uma dotação universal de capital costumam ser pensadas como complementos a outras políticas redistributivas pelo lado do gasto público e da tributação, frequentemente levando à expansão do tamanho do Estado na economia.

Mesmo antes da pandemia, propostas de criação de uma renda básica universal para fazer frente às transformações no mercado de trabalho e à desigualdades crescentes vinham ganhando espaço na arena política. Tais propostas constituíram o eixo central da plataforma dos pré-candidatos à presidência da França, Benoit Hamon, em 2017, e dos Estados Unidos, Andrew Yang, em 2019, nas primárias do Partido Socialista e do Partido Democrata, respectivamente. Mas o contexto criado pelo novo coronavírus certamente serviu para acelerar essas transformações, levando-as de vez para a esfera das decisões de política econômica.

A pandemia acelerou as transformações tecnológicas e digitais que fragilizam as relações trabalhistas. O trabalho remoto e o trabalho por aplicativo explodiram em meio às medidas quarentenárias, correndo o risco de exacerbar tendências anteriores de uberização e pejotização, por exemplo. Tais tendências contribuem para o aumento das jornadas, a volatilidade da renda e a perda de direitos trabalhistas mínimos. Além disso, a automação de tarefas por meio de robôs deve ser acelerada em diversos setores em meio aos riscos de contágio, levando à perda de empregos. Já no âmbito das desigualdades de gênero e da economia do cuidado, o cenário é devastador: mulheres são afetadas pelas demandas de trabalho doméstico e cuidado com crianças e idosos de forma desproporcional e por vezes incompatível com sua jornada remunerada de trabalho.

Não bastassem esses desafios, a perda de empregos sem precedente e o alto grau de informalidade no mercado de trabalho não apenas correm o risco de levar uma alta parcela da população mundial a ser absorvida por uma espiral de pobreza e fome durante a pandemia, como também dificulta o próprio combate ao vírus, causando a morte de milhões de pessoas. Afinal, como respeitar as medidas quarentenárias quando não há renda suficiente para a sobrevivência da própria família? De um lado, a imposição de medidas restritivas à circulação de pessoas sem a garantia de um mínimo para a subsistência leva rapidamente a população mais vulnerável à miséria e à fome. De outro, a imposição de medidas quarentenárias frouxas leva a população mais vulnerável à contaminação e à morte. A única saída, nesse caso, é a combinação entre medidas restritivas e a garantia de uma renda mínima que garanta a subsistência. Por isso, os programas de transferências de renda tornaram-se a resposta de assistência social mais utilizada em meio à pandemia: em abril de 2020, 143 programas em 81 países já tinham sido expandidos ou adaptados para enfrentar a crise. Desses, 65 programas em 43 países são iniciativas novas, criadas no contexto da pandemia.[4]

Ainda assim, há muitos problemas no tempo, na magnitude e na implementação desses benefícios, que passaram longe de poderem ser considerados universais. A Índia, por exemplo, decretou o lockdown de sua população de 1,3 bilhão de pessoas em 24 de março, e no dia 3 de abril lançou um programa de transferência de renda de apenas US$ 6,50 para os 204 milhões de mulheres já cadastradas em um dos programas sociais pré-existentes. Nos Estados Unidos, o pacote de US$ 2 trilhões para enfrentamento da crise assinado em 27 de março, que ficou conhecido como CARES Act, inclui o envio de US$ 1200 por indivíduo e US$ 2400 para casais, acrescidos de US$ 500 por criança. No entanto, o benefício foi recebido de forma automática somente pelos cidadãos que declararam imposto de renda em 2018 ou 2019 (com renda individual abaixo de US$ 75 mil por ano). Ainda que uma pessoa que não tenha declarado seus impostos nos últimos dois anos possa enviar uma declaração atrasada de 2019 para o recebimento tardio do cheque, a política exclui uma massa de vulneráveis que não tem meios para preencher sua declaração ou nem sequer tem documentação regularizada (imigrantes, por exemplo, mesmo com filhos que sejam cidadãos americanos). Um detalhe: para os cidadãos que não enviaram seus dados bancários nas declarações de imposto de renda, os benefícios chegam na forma de um cheque com o nome de Donald Trump estampado, o que, dado seu caráter inédito, foi interpretado por muitos analistas como uma tentativa de capitalização política do programa.

No Brasil, a tecnologia e expertise acumuladas em políticas sociais ajudou a criar as bases para uma resposta que, apesar de muitas falhas, acabou sendo substantiva. O Programa Bolsa Família (PBF), além de ser a mais importante política social do país, é o maior programa de transferência de renda condicionada do mundo, já que atende 13,9 milhões de famílias. Destinado a famílias na faixa de extrema pobreza (com renda mensal de até R$ 89 por pessoa) e pobreza (com renda de até R$ 178 e crianças e adolescentes entre zero e dezesete anos), o benefício pode chegar a R$ 205 mensais em 2020, a depender da renda inicial e do número de crianças, adolescentes e gestantes. As condicionalidades impostas para o recebimento concentram-se na área de educação (frequência escolar mínima dos filhos) e de saúde (vacinação e acompanhamento nutricional, pré-natal de gestantes). Um estudo do Instituto de Pesquisa Econômica Aplicada estima que o Programa Bolsa Família explica 10% da desigualdade medida pelo índice de Gini entre 2011 e 2015, e quase 17% no período de sua maior expansão, entre 2001 e 2006.[5] Além disso, como 70% dos seus recursos alcançaram os 20% mais pobres, a estimativa do mesmo estudo é de que o PBF reduz a pobreza em 15%, e a extrema pobreza em 25%. Mas apesar de ter obtido impactos significativos na redução da pobreza e desigualdade na base da pirâmide, o PBF só custou, em 2019, 0,5% do PIB ao governo federal. Trata-se de um programa muito focalizado e, por isso, barato.

Ainda assim, em 2019, o programa voltou a registrar fila para cadastro de novos beneficiários de mais de 1 milhão de famílias, mesmo sem reajuste no valor dos benefícios. O aumento da demanda por famílias empobrecidas pela crise que já assolava o país havia mais de quatro anos, de um lado, e a restrição de recursos concedidos pelo governo, de outro, explicam o trágico fenômeno. Uma reportagem do jornal *Folha de S. Paulo* revelou que, em fevereiro de 2019, o Ministério da Cidadania pediu um adicional de R$ 3,7 bilhões para o programa, dos quais R$ 2,5 bilhões seriam destinados ao pagamento da 13ª parcela prometida por Jair Bolsonaro durante a campanha, e 1,2 bilhão iria para novos beneficiários que solicitassem o recurso no ano.[6] O valor liberado pelo Ministério da Economia na ocasião, no entanto, foi apenas aquele referente à promessa de campanha — R$ 2,5 bilhões. Só quando as filas do programa invadiram o noticiário no início do ano de 2020 e, sobretudo, com a chegada da pandemia, o governo liberou os recursos adicionais necessários para os novos cadastros.

Quando a crise da Covid-19 se abateu sobre o país, mais de 50 milhões de pessoas já estavam registradas no Cadastro Único para Programas Sociais do Governo, destinado a famílias com renda abaixo de três salários mínimos ou com renda mensal per capita de até meio salário mínimo. O cadastro também serve para pagamento do Benefício de Prestação Continuada (BPC) e de outros programas sociais do governo, como o Minha Casa Minha Vida, o Telefone Popular e o Tarifa Social de Energia Elétrica. O BPC, que concede um salário mínimo para pessoas com deficiência e idosos de baixa renda (acima de 65 anos com renda familiar per capita de até um quarto de salário mínimo), chega a cerca de 4,5 milhões de beneficiários e teve um custo total em 2019 de 0,8% do PIB — 0,3 ponto percentual a mais que o PBF.

A base de dados do Cadastro Único acabou ajudando muito a implementar o pagamento do auxílio emergencial de R$ 600 por adulto e R$ 1200 para mães chefes da família aprovado em abril, por três meses prorrogáveis, pelo Congresso. Mas além dos beneficiários do Bolsa Família e dos inscritos no Cadastro Único que não recebiam nenhum outro tipo de transferência de renda (aposentadorias ou o Benefício de Prestação Continuada, por exemplo), que receberam o benefício de forma automática, desempregados fora do seguro-desemprego, microempreendedores individuais (MEI), contribuintes individuais da Previdência Social (CI) e trabalhadores informais também tiveram direito ao auxílio. Nessas categorias, somente os indivíduos com renda tributável em 2018 acima de R$ 28 559,70 ficaram de fora. Os beneficiários que não estavam cadastrados no Bolsa Família ou no Cadastro Único tiveram de se registrar em um aplicativo da Caixa Econômica Federal criado para esse fim.

Apesar do tempo de análise para esses pedidos e as filas para saque nas agências da Caixa Econômica Federal terem prejudicado a implementação e os resultados da política, frequentemente expondo a população ao risco de contágio pelo vírus, o programa é amplo o suficiente para criar as bases para a expansão e universalização do sistema brasileiro de proteção social. O benefício aprovado pelo Congresso Nacional a partir da mobilização da sociedade foi substancialmente maior em valor e no universo de pessoas atendidas do que na proposta original da equipe econômica do governo Bolsonaro.[7] Em 18 de março, o ministro da Economia, Paulo Guedes, anunciou que liberaria R$ 15 bilhões em benefícios de até R$ 200 para trabalhadores informais e autônomos que já faziam parte do Cadastro Único e não recebiam outro benefício. Além de prever um valor três vezes menor, o auxílio proposto pelo governo deixava de fora, portanto, os beneficiários do Bolsa Família e os trabalhadores desempregados, autônomos e informais que ainda não faziam parte do Cadastro Único.

Em nota técnica publicada em 7 de maio, a Instituição Fiscal Independente (IFI) realizou alguns cenários para a despesa relativa ao auxílio emergencial aprovado pelo Congresso, concluindo que o pagamento por três meses sob as regras vigentes totalizará um gasto de R$ 154,4 bilhões em 2020, atingindo quase 80 milhões de beneficiários.[8] Ainda que esse número dependa da evolução da taxa de desemprego e da renda da população, ainda incerta, essa previsão já supera em dez vezes o total que havia sido anunciado por Guedes em sua proposta. Se tomarmos as projeções da própria IFI, o custo fiscal com os três meses do auxílio chega a 2,1% do PIB — mais de quatro vezes o valor em relação ao PIB destinado ao Programa Bolsa Família em 2019.

Não há dúvidas de que esse montante é expressivo o suficiente para contribuir tanto no combate ao vírus, pela garantia de sobrevivência da população mais vulnerável, quanto com o alívio da crise econômica agravada pela pandemia. A dissertação de mestrado de Marina Sanches, do Departamento de Economia da FEA-USP, estimou que os benefícios sociais no Brasil (incluindo aposentadorias, seguro-desemprego, Bolsa Família e BPC) aumentaram significativamente os efeitos multiplicadores desde a recessão de 2015-6.[9] Isso porque as famílias consomem parcela ainda maior dos benefícios recebidos em cenário de queda da renda. Supondo que os mesmos impactos multiplicadores estimados por Sanches sejam desencadeados pelos R$ 154,4 bilhões previstos de auxílio emergencial — o que parece plausível dado o colapso de outras formas de renda em meio à pandemia —, a queda prevista atualmente para o PIB de 2020, que já é de cerca de 5% do PIB, poderia ser muito maior. Ou seja, boa parte dos gastos realizados com o pagamento do auxílio também contribuirá para reduzir a queda de arrecadação de impostos dos governos federal, estadual e municipal em meio ao colapso da atividade econômica.

Por mais importante que tenha sido a aprovação desse auxílio no contexto da pandemia, o estado do mercado de trabalho brasileiro no início de 2020 já demandava, por si só, esforços de proteção muito maiores que os de países ricos. Em particular, a queda na informalidade e no desemprego observada durante o período de expansão econômica dos anos 2000 foi revertida a passos largos. Após o desemprego dobrar com a recessão de 2015-6, a recuperação lenta da economia se deu com números recordes de informalidade. Chegamos a 2020 com 41,6% da população ocupada em trabalhos informais, o que representa um total de 38,4 milhões de pessoas. Mesmo assim, o desemprego ainda era de 11% antes da pandemia, contra menos de 4% nos Estados Unidos, por exemplo. Antes da pandemia, as evidências já sugeriam que para haver crescimento significativo da renda na base e no meio da pirâmide, não basta a economia crescer um pouco — o desemprego também tem de cair de modo significativo.

Por essas e outras razões, o debate desencadeado pelo auxílio emergencial não terminou. Primeiro, está claro que o período de três meses previsto pela medida é insuficiente para lidar com o próprio contexto da pandemia, e o próprio governo já discute sua extensão. Mas, sobretudo, a medida e a ampliação do cadastro de beneficiários de programas sociais abrem espaço para a reforma dos programas de assistência social em direção à garantia de um colchão mínimo de subsistência para a massa de trabalhadores vulneráveis, que será ampliada por essa crise. A criação de uma renda básica permanente envolveria o redesenho de outros programas, como BPC e o próprio Bolsa Família, para evitar sobreposições. Além disso, o financiamento de uma rede mais ampla de proteção social passa por uma maior tributação das rendas mais elevadas.

Em artigo publicado no jornal *Folha de S.Paulo* em 23 de maio de 2020, o economista Samuel Pessôa concluiu que é possível financiar uma renda básica através do aumento da alíquota de imposto sobre as rendas do trabalho, do fim das deduções de imposto de renda para gastos com saúde e educação privadas e da subtributação associada a regimes tributários especiais (como o Simples) e à isenção de imposto de renda da pessoa física sobre lucros e dividendos distribuídos pelas empresas.[10] Pessôa fez menção aos resultados de um estudo de professores da Universidade Federal de Pernambuco que mostrou a possibilidade de se financiar uma renda básica de R$ 406 para todos os brasileiros — um valor que já representaria mais da metade da renda mediana per capita do país — por meio da fixação de uma alíquota única de 35,7% sobre todas as rendas do trabalho (subtraindo-se o valor da renda básica de outras transferências de renda feitas pelo setor público às famílias). O impacto dessa mudança sobre a desigualdade seria de reduzir o índice de Gini dos atuais 0,506 para 0,377, aproximando-nos, como apontou Pessôa, do patamar observado na Austrália. Isso mesmo com a alíquota única de 37,5% não atacando o cerne de nossas injustiças tributárias.

Como mostram o pesquisador do Ipea Fernando Gaiger Silveira e seus coautores em artigo publicado em 2015, os benefícios sociais em seu conjunto (incluindo aposentadorias e programas sociais) reduzem a desigualdade de renda no Brasil, medida pelo índice de Gini, em 5,5%.[11] Os autores mostram ainda que esse efeito negativo aumentou entre as Pesquisas de Orçamento

Familiar de 2003 e 2009 por conta da expansão do gasto nessas áreas ao longo dos anos 2000. Em 2003, o efeito negativo sobre o índice de Gini era de apenas 2,4% no caso de benefícios sociais. No entanto, os tributos indiretos sobre o consumo e a produção, que atingem uma proporção maior da renda dos mais pobres, aumentam a desigualdade em 3,5%. Já os impostos diretos atuais, sobre a renda e o patrimônio, a reduzem em 2,6%.

Isso significa que o poder de redistribuição do Estado brasileiro aumenta muito se houver, de um lado, uma expansão e universalização de benefícios e, de outro, uma redução de impostos indiretos acompanhada de aumento da tributação direta da renda (alíquotas maiores para faixas mais altas e fim da isenção de Imposto de Renda da Pessoa Física para lucros e dividendos) e do patrimônio.[12] O imposto sobre grandes fortunas, trazido à tona no debate público em meio à pandemia, é relevante para a desconcentração de riqueza no topo da pirâmide mesmo tendo impacto arrecadatório menor que as formas de tributação da renda — menor mas não irrelevante, como mostrou estimativa preliminar feita pelo economista Henrique Mota, da PUC-RJ.[13] Quanto à possibilidade da taxação de grandes fortunas levar a uma fuga significativa de capitais do país, Mota destaca que boa parte dos patrimônios declarados no imposto de renda não podem cruzar fronteiras (imóveis ou capital físico) e que outra parcela significativa está em títulos públicos e outros ativos que rendem juros muito superiores àqueles que remuneram o patrimônio financeiro no mundo desenvolvido — sem contar que a tributação da renda e do patrimônio também é bem maior nessas regiões.

A injusta estrutura tributária brasileira também ajuda a explicar o porquê da elevadíssima concentração da renda no topo da pirâmide distributiva ter se mantido estável mesmo no período iniciado nos anos 2000, em que a expansão de gastos sociais e transferências de renda e a própria dinâmica de geração de empregos formais reduziam as desigualdades na base.[14]

No livro *Uma história de desigualdade: A concentração de renda entre os ricos no Brasil 1926-2013*, o pesquisador do Ipea Pedro Ferreira de Souza mostrou que essa persistência da concentração da renda dos mais ricos só foi rompida em alguns momentos críticos da vida institucional brasileira. No pós-guerra, por exemplo, houve redução de 5 pontos percentuais na fração da renda apropriada pelo 1% mais rico, o que pode estar associado ao desenvolvimento do aparato administrativo do imposto de renda durante a guerra. A ditadura militar, por sua vez, provocou a completa reversão dessa tendência. O autor desenvolve a partir de tais evidências o que chama de hipótese Jencks-Piketty: só grandes rupturas exógenas reconfiguram fortemente a desigualdade. Seria a pandemia uma dessas rupturas?

Uma reforma tributária progressiva, ou seja, que aumente a proporção da renda paga em impostos pelos mais ricos e reduza a paga pelos mais pobres contribuiria para distribuir melhor os custos da crise da Covid-19. Ainda que, como enfatizado na seção sobre o papel estabilizador do Estado, o financiamento do combate à pandemia em 2020 tenha se dado com maior endividamento público — e assim deve ser —, a cobrança de impostos sobre altas rendas e patrimônios mais amplos de proteção social em uma segunda fase pode contribuir para atenuar os efeitos da pandemia sobre a desigualdade e estabilizar a relação dívida pública-PIB a médio prazo sem a exigência de novos cortes agressivos de gastos. Afinal, tais cortes costumam prejudicar ainda mais os mais pobres, caso atinjam serviços públicos e a própria rede de proteção social. O problema é que para tributar mais os mais ricos via imposto de renda ou imposto sobre grandes fortunas em 2021, por exemplo, a decisão teria que se dar desde já.

Como deixou claro o relatório da OIT citado no início desta seção, a universalização gradual de uma renda básica para a população por meio de um pacote que inclua a taxação da renda e/ou dos patrimônios do topo da pirâmide não substitui os sistemas contributivos de previdência pública. Nesse quesito, a proposta de reforma aprovada pelo Congresso em 2019 ficou a anos-luz da proposta original do governo Bolsonaro. Alguns pontos merecem destaque na reflexão sobre o que deve ser o sistema de aposentadorias de um Estado protetor da renda dos mais vulneráveis.

Primeiro, o aumento do tempo mínimo de contribuição de quinze para vinte anos previsto na proposta de reforma da Previdência do ministro Paulo Guedes afetaria um grande número de trabalhadores mais pobres, que passam mais tempo no setor informal e/ou fora do mercado de trabalho para cuidar dos filhos, no caso das mulheres. No fim das contas, o mínimo foi mantido em quinze anos para mulheres e homens que já trabalham no setor privado. A desconstitucionalização das regras que definem idade e tempo de contribuição mínimos, que permitiriam mudanças futuras nesses itens por projeto de lei com quórum menor que o necessário para aprovar uma PEC, também foi vetada. Ou seja, as alterações no texto afastaram do horizonte o futuro sombrio no qual os mais ricos pupariam para sua própria aposentadoria e os mais pobres ficariam de fora da previdência pública por não cumprir o tempo mínimo de contribuição de vinte anos, recorrendo apenas a benefícios assistenciais de valor cada vez menor.

Embora alguns aspectos do texto ainda tenham interditado o apoio dos partidos de oposição, como a desvinculação das pensões, a alteração da base de cálculo dos benefícios e as iniquidades associadas a regimes especiais de militares, por exemplo, a essência do que foi aprovado atacou problemas que a ex-presidente Dilma Rousseff apontava em 2015 quando defendeu reformar a Previdência: a idade média baixa nas aposentadorias por tempo de contribuição em meio ao aumento da expectativa de sobrevida da população e as discrepâncias entre o Regime Geral e o Regime Próprio de Previdência dos

Servidores. A imposição de uma idade mínima de 62 anos para mulheres e 65 anos para homens e as alíquotas progressivas de contribuição para servidores públicos federais, por exemplo, irão afetar sobretudo os mais ricos, melhorando um pouco o caráter redistributivo do sistema.

Os mais de três anos de debate dentro e fora do Congresso sobre a Previdência, que já haviam culminado na retirada de injustiças semelhantes da reforma proposta por Michel Temer (alterações no BPC, na aposentadoria rural e no tempo mínimo de contribuição), sugerem que ainda há alguma esperança no funcionamento da democracia e, em particular, do Congresso Nacional, no atendimento às necessidades da população. O auxílio emergencial aprovado durante a pandemia reforça essa tese.

Mas as transformações em direção a um Estado mais protetor e redistributivo ainda esbarram, é claro, na ideologia da equipe econômica e, diga-se de passagem, do próprio governo. Muito antes de sua eleição para presidente, Jair Bolsonaro, em entrevista ao programa Brasil em Discussão, veiculado pela TV Record no dia 13 de maio de 2012, deixou clara sua visão sobre programas sociais: "O grande defeito do político brasileiro é tentar agradar a todo mundo. Por exemplo, fui o único a votar contra a proposta de emenda constitucional do Antônio Carlos Magalhães que criava o Fundo de Combate à Pobreza. Porque a única verdade que tinha ali é que aumentou a CPMF, de 0,30% para 0,38%. E virou essa demagogia que está aí. Entre seguro-desemprego e Bolsa Família, no ano passado, o governo gastou R$ 40 bilhões. E esse pessoal não está computado como desempregado [...]. Então isso aí é tudo voto de cabresto pro governo", afirmou. É claro que ao se deparar com a necessidade de conquistar apelo popular durante a campanha, Bolsonaro mudou de ideia. Passou a prometer o pagamento de um 13º para o Bolsa Família, por exemplo. Mas a visão de seu ministro pouco se alterou.

Ao defender o sistema de capitalização para a Previdência em abril de 2019, Guedes chegou até a postular a criação de um sistema de imposto de renda negativo.[15] Mas só como substituto parcial do sistema público de aposentadorias por repartição, que permite uma contribuição de caráter progressivo dos trabalhadores ativos para o financiamento das aposentadorias dos inativos. No exemplo dado pelo ministro, um trabalhador que só tivesse acumulado poupança suficiente para receber um benefício de R$ 750 na aposentadoria, teria direito a uma transferência do governo de R$ 250 para chegar a um salário mínimo de mil. Em entrevista à Globo News durante as eleições de 2018, Guedes havia explicitado sua visão sobre a renda básica e a proteção social: "Então tem o cara que nunca contribuiu para Previdência, mas recebe uma assistência social, recebe um salário mínimo como se tivesse trabalhado a vida inteira. [...] Daí é que vem, lá no programa, o conceito de renda básica ou renda mínima que diz: 'olha, se você não contribuiu...'. Nós não vamos deixar nenhum brasileiro em necessidade, mas espera aí. O mínimo é para quem trabalhou".[16]

A diferença com os princípios básicos que permeiam a defesa de uma renda básica universal, entendida como direito básico complementar aos sistemas contributivos de Previdência e às outras dimensões do Estado de bem-estar social, não poderia ser mais gritante. No livro *Renda de cidadania*, o ex-senador Eduardo Suplicy — sem sombra de dúvida o maior defensor da renda básica universal no Brasil — deixa claro que, "por definição, o direito a uma renda mínima garantida não se restringe aos que trabalharam bastante no passado ou pagaram contribuições suficientes à seguridade social...".[17]

Nem o pai dos *Chicago Boys*, Milton Friedman, defendeu o imposto de renda negativo nesses termos. Ainda assim, há quem preveja que o governo Bolsonaro ganhará base popular pelo pagamento do auxílio emergencial de R$ 600, criando um custo político significativo para a sua retirada integral. A mobilização em torno de uma renda básica permanente no Brasil é urgente e, no melhor dos casos, contará novamente com a ajuda do Congresso. Mas se depender do ministro Paulo Guedes e sua equipe, o auxílio emergencial será lembrado apenas como um *coronavoucher*. E para piorar: a julgar pelas declarações feitas em 19 de maio com representantes do setor de serviços, seu plano de retomada da economia e de geração de empregos passa essencialmente pela redução dos custos dos empresários através da redução de impostos e da desoneração da folha de pagamentos.[18] Medidas que, aliás, não trazem boas memórias aos brasileiros.[19]

4.
O Estado prestador de serviços

Ainda que ideias sobre a provisão pelo Estado de um sistema universal e gratuito de saúde e educação datem do século XIX, sua aceitação e implementação generalizada só veio a partir de meados do século XX. Três anos depois do Social Security Act de Franklin Roosevelt, que criou um sistema de benefícios sociais para os mais vulneráveis nos Estados Unidos em 1935, o Social Security Act decretado na Nova Zelândia avançou radicalmente na agenda ao introduzir um sistema gratuito de saúde. Mas só mesmo com o efeito catalizador da guerra, o Education Act de 1944 e a criação do National Health Service em 1948 estabeleceram as bases do Estado de bem-estar social britânico.

"A urbanização e a pobreza — do tipo cultural, bem como econômico — deram foco para uma gama de grupos profissionais durante o século XIX e o início do século XX. Médicos estavam alarmados pelas implicações de higiene de homens, mulheres e múltiplas crianças vivendo em um único cômodo [...]",[1] escreveu o historiador da Universidade de Londres David Crook em artigo sobre as origens do Estado de bem-estar social do Reino Unido. "Legislações, decisões judiciais, o aumento e a coleta de impostos e a designação de agências combinaram-se para definir a noção moderna de 'bem-estar social'. Por sua vez, concepções de, e aspirações por, bem-estar social começaram a definir novos grupos de profissionais do setor público, incluindo enfermeiros comunitários, oficiais da educação e assistentes sociais."

Embora o desenvolvimento do Estado de bem-estar social na Europa e nos Estados Unidos tenha combinado a criação de redes de proteção social e a prestação de serviços de saúde e educação, isso não significa que essas diferentes atuações estatais não tenham entrado em conflito no Orçamento e na administração públicas. Hugh Heclo discute, por exemplo, a existência deliberada de um "trade-off" entre os gastos com a educação pública, e com outros programas sociais. Nos Estados Unidos, por exemplo, o apoio à educação pública, incluindo o ensino superior, é central para uma noção de bem-estar fundada na mobilidade social. A mesma prioridade não é conferida à assistência ou ao sistema de saúde: as redes de proteção não são desenhadas para proteger os indivíduos dos riscos gerados pelo sistema capitalista, e sim compreendidas como assistência temporária em situações de mudança socioeconômica extremas. Seguros mais amplos contra riscos inerentes ao sistema devem, nesse caso, ser adquiridos junto ao setor privado. Além de conflitos no Orçamento, parece haver, portanto, uma distinção teórica entre o Estado de bem-estar social visto como provedor de igualdade de oportunidades e aquele que tenta dar igualdades de condições, por meio da renda e da saúde mínimas para sobreviver.

Segundo categorização de Gøsta Esping-Andersen, os Estados de bem-estar social podem ser classificados nos tipos liberal, conservador e social-democrata. Partindo dessa tipologia, os pesquisadores Gunther Hega e Karlk Hokenmaier, do Departamento de Ciência Política da Western Michigan University, fizeram um estudo em 2002 sobre o peso conferido por dezoito economias industriais desde os anos 1960 à política educacional em relação a outros programas sociais. Na base de dados, os autores classificaram como Estados de bem-estar social do tipo liberal os Estados Unidos, Reino Unido, Austrália, Canadá, Irlanda, Japão, Nova Zelândia, Suíça; do tipo conservador Alemanha, Áustria, Bélgica, França e Itália, e do tipo social-democrata Dinamarca, Finlândia, Holanda, Noruega e Suécia. Os resultados sugerem que, enquanto os Estados social-democratas gastam mais, em dólares per capita, tanto em seguridade social quanto em educação, os Estados liberais gastam menos em todas as medidas de seguridade social, mas superam os Estados conservadores em todas as categorias de gasto com educação. Ou seja, o trabalho parece confirmar a hipótese de que a oportunidade de estudo no Estado liberal é uma política substituta à proteção social tão característica dos Estados de bem-estar social conservador e social-democrata.

Os gastos com educação, saúde e benefícios sociais crescem mais rapidamente nos anos 1960 e 1970 do que nas décadas seguintes. Ainda assim, nos Estados liberais, os gastos reais com educação per capita foram multiplicados por 4 entre 1960 e 1990 (ante 3,8 nos do tipo conservador e 3,3 nos do tipo social--democrata). Tal como nas políticas executadas nesses países, na pesquisa econômica o foco na educação como geradora de um "capital humano" capaz, assim como o estoque de capital físico, de expandir a capacidade produtiva das economias e o crescimento econômico de longo prazo, também ganhou mais espaço ao longo das décadas de 1980 e 1990 que as outras dimensões do Estado de bem-estar social.

O termo é controverso, já que remete à ideia de que o capital humano pode ser vendido no mercado como as outras formas de capital, mas o discurso proferido pelo Nobel de economia Theodore Schultz na conferência anual da American Economic Association, em 1960, defendeu o uso do conceito na teoria econômica: "muito do que chamamos de consumo constitui investimento em capital humano". Entre as categorias que considerou como investimentos em capital humano, por expandirem o potencial de produção de riqueza das economias, estão os destinados aos estabelecimentos e serviços de saúde, o treinamento de trabalhadores, a educação formal primária, secundária e superior, os programas de estudos para adultos, e mesmo a migração de indivíduos e famílias em busca de oportunidades de trabalho. No entanto, em artigo seminal publicado trinta anos depois, o professor da Universidade de Harvard Robert Barro propõe uma análise dos efeitos do capital humano sobre o crescimento econômico bem mais restrita, apenas a partir de indicadores educacionais (anos de escolaridade). O resultado encontrado no estudo realizado para um painel de cem países entre 1965 e 1995 é de que o crescimento econômico é positivamente relacionado ao nível inicial de anos de escolaridade de adultos do sexo masculino no ensino secundário e superior.

É verdade que também há uma prolífica produção de artigos empíricos na área de economia da saúde, sobretudo na literatura mais recente voltada à avaliação de políticas públicas, mas entre os macroeconomistas e os estudiosos do crescimento econômico, a educação teve papel central nas últimas décadas. Em tais estudos, como na macroeconomia pós-1980, o olhar costuma ser apenas pelo lado da capacidade de ofertar bens e serviços: a importância do crescimento da demanda para o desenvolvimento de setores que possam absorver a mão de obra qualificada gerada por esses investimentos em capital humano assume um papel lateral, para dizer o mínimo.

Mas se os Estados de bem-estar social do tipo social-democrata dos países nórdicos continuam gastando mais do que os outros em todas as dimensões — saúde, educação e proteção social —, o *trade-off* observado empiricamente entre essas formas de gasto não necessariamente obriga a uma escolha por uma ou outra dessas áreas. Ou ao menos não se a educação, a saúde e a proteção social forem vistas como direitos fundamentais dos indivíduos, independentemente de seus efeitos econômicos de curto e de longo prazo. De alguma forma, o debate sobre criar igualdade de oportunidades ou igualdade de condições assemelha-se às discussões em torno dos diferentes conceitos de renda básica analisados na última seção do livro. Se a decisão democrática feita pela sociedade for a de garantir serviços públicos de saúde e educação e, ao mesmo tempo, um sistema de proteção social amplo como direitos dos cidadãos, a consequência será um Estado maior e, assim, uma carga tributária também maior em relação ao tamanho da economia.

Veja bem. Um Estado maior nada tem a ver com uma dívida pública maior. Se o Estado gasta mais em relação ao PIB para oferecer uma rede ampla e de qualidade de serviços de saúde, educação e proteção social, o Estado pode e deve arrecadar mais também por meio do seu sistema de tributação. Isso não quer dizer que o orçamento tem de estar sempre equilibrado: o Estado pode optar por se endividar para investir em infraestrutura ou para superar uma crise. Até porque a dinâmica desse endividamento em relação ao PIB depende não somente do quanto o Estado decide gastar e tributar, mas também do quanto é pago de juros sobre dívidas contraídas anteriormente e do próprio crescimento da economia. Países ricos que pagam uma taxa de juros baixa sobre suas dívidas, por exemplo, podem arrecadar menos do que gastam com seus sistemas de saúde, educação e proteção e ainda assim reduzir sua razão dívida-PIB se a economia está crescendo.

Ainda assim, é fundamental pensar que a decisão sobre o tamanho do Estado de bem-estar social tem dois lados: o dos gastos com os serviços e benefícios e o dos impostos e contribuições arrecadados para financiá-los. Na Suécia, por exemplo, o total dos impostos e contribuições representa cerca de 44% do PIB, ante 24,3% nos Estados Unidos e 34,3% na média dos países da OCDE.[2] Se compararmos apenas o peso dos gastos sociais com saúde e proteção social, os valores são de 26,1% do PIB na Suécia, 18,7% do PIB nos Estados Unidos e 20,2% do PIB na média dos países da OCDE. Na área de educação — da primária até a superior —, os gastos públicos suecos são de 5% do PIB, ante 4,1% do PIB nos Estados Unidos. Ou seja, há uma correspondência entre o modelo de Estado de bem-estar social escolhido e a carga tributária resultante dessa escolha. Não se pode desejar serviços públicos suecos com uma carga tributária mexicana, de apenas 16,1% do PIB, por exemplo.

Além disso, o PIB não é a única variável relevante para se pensar o tamanho do Estado e da provisão de serviços. É necessário levar em conta também o número de pessoas atendidas pelo sistema, que por sua vez depende do tamanho da população. A carga tributária por habitante em dólares é de 15,3 nos Estados Unidos e 23,8 na Suécia. Países que têm alta carga tributária quando medida em relação ao PIB podem, portanto, ter uma carga tributária relativamente baixa por habitante, caso tenha uma população grande e, assim, uma renda per capita menor. Isso afeta a disponibilidade de recursos por aluno no sistema de educação ou por idoso no sistema de saúde, por exemplo. Em paridade de poder de compra, ou seja, levando em conta o custo de vida distinto nos dois países, o gasto total do governo com educação por aluno em idade obrigatória de estudar é 2,3 vezes maior na Suécia do que nos Estados Unidos.[3] Ou seja, os recursos disponíveis para pagar professores, materiais escolares e outros custos para cada aluno representam nos Estados Unidos menos da metade dos recursos disponíveis na Suécia para a mesma finalidade. O mesmo tipo de raciocínio vale quando se quer comparar os recursos disponíveis para pagar médicos, enfermeiros, equipamentos e outros gastos com saúde em um sistema público (que os Estados Unidos não têm): é necessário saber quantas pessoas utilizam o sistema.

Com a pandemia, é desnecessário versar sobre a importância dos sistemas públicos universais e gratuitos de saúde. O papel fundamental dos profissionais da saúde, dos leitos públicos de Unidade de Tratamento Intensivo, a importância do acompanhamento periódico da saúde familiar e das comorbidades, o caráter indispensável da disponibilização de testes e medicamentos gratuitos, nada disso poderia ter ficado mais em evidência.

Nos Estados Unidos, o debate sobre a criação de um sistema de seguro-saúde público, universal e gratuito já vinha crescendo nos últimos anos, com ênfase nas bandeiras levantadas por diferentes pré-candidaturas nas primárias do Partido Democrata de 2020 — Bernie Sanders e Elizabeth Warren tinham a posição mais radical no tema, essencialmente propondo a eliminação dos planos privados de seguro-saúde na cobertura considerada básica. Mas a pandemia trouxe à tona as dificuldades geradas pelo sistema privado. Ainda que o governo norte-americano tenha aprovado uma legislação que tornou a testagem gratuita para toda a população, pessoas com suspeita do vírus e sem cobertura de plano de saúde evitam até mesmo ir ao hospital para não correr o risco de contrair uma dívida impagável por uma eventual internação.[4]

Como se já não bastasse a exigência maior de recursos para a saúde, os serviços de educação também enfrentam obstáculos muitíssimo relevantes. Como manter aulas à distância sem disponibilizar a tecnologia necessária para os alunos e professores da rede pública? Como retomar as aulas presenciais em escolas e universidades sem a infraestrutura exigida para evitar o contágio nas salas de aula, dormitórios universitários e espaços comuns de convivência ou, pior, sem banheiros funcionando para a higiene básica dos alunos e professores?

No Brasil, os desafios trazidos pela pandemia nas áreas de saúde e educação vieram em contexto de desvalorização desses serviços. Mas a Covid-19 deixou clara a importância da escolha democrática feita no pacto social de 1988 pela garantia do direito à saúde e à educação através de sistemas públicos universais e gratuitos. Se a eleição de Bolsonaro em 2018, com uma plataforma econômica ultraliberal, pôs em dúvida esse pacto, a pandemia parece ter dado a resposta. Entre as palmas para profissionais da saúde e os vivas para o SUS, é seguro afirmar que a população ainda deseja serviços públicos de qualidade, gratuitos e universais.

Em agosto de 2019, o médico Drauzio Varella alertava os brasileiros em coluna intitulada "Sem o SUS, é a barbárie" no jornal *Folha de S.Paulo*.[5] "Poucos brasileiros sabem que o Brasil é o único país com mais de 100 milhões de habitantes que ousou levar assistência médica gratuita a toda a população", enfatizou Drauzio, colocando o dedo na ferida do debate sobre o tamanho do Estado brasileiro e a qualidade de nossos serviços públicos. "Falamos com admiração dos sistemas de saúde da Suécia, da Noruega, da Alemanha, do Reino Unido, sem lembrar que são países pequenos, ricos [...]. Sem menosprezá-los, garantir assistência médica a todos em lugares com essas características é brincadeira de criança perto do desafio de fazê-lo num país continental, com 210 milhões de habitantes, baixo nível educacional, pobreza, miséria e desigualdades regionais e sociais de dimensões das nossas."

Dado o grande número de pessoas atendidas por um sistema público de saúde que, ainda assim, se mostrou insuficiente em boa parte do país para receber os pacientes infectados, a primeira pergunta a ser respondida é se somos mesmo tão ineficientes na prestação de serviços quanto sugerem as comparações baseadas no quanto pagamos de impostos.

Quando medida em relação ao PIB, a carga tributária brasileira chegou a 33,6% em 2018, nos colocando acima dos outros países da América Latina e muito próximos da média dos países da OCDE, de 34,3%. Tomando a comparação anterior, o Brasil se encontra exatamente entre os Estados Unidos, que têm carga tributária de 24,3% do PIB, e da Suécia, que tem 43,9%. São muitos os que utilizam esses números para afirmar que o Estado brasileiro drena um enorme volume de recursos da população sem oferecer nada em troca. Nesse caso, fixar um teto que impeça o aumento real dos gastos públicos — reajustando-os apenas pela inflação, como prevê a Emenda Constitucional 95 — parece mesmo uma ótima saída para acabar com o desperdício. Afinal, se o PIB crescer e os gastos ficarem parados no mesmo lugar, reduziremos rapidamente o tamanho do Estado brasileiro para o de países como Colômbia, Equador ou Peru.

O problema é que a sociedade optou em 1988 justamente por fugir à regra dos países com nível de renda similar ao nosso, decidindo oferecer serviços públicos universais e gratuitos de saúde e educação e uma rede de proteção social em um país com 210 milhões de habitantes e níveis abissais de desigualdade. Ninguém nega que haja ineficiências e distorções na forma como o Estado brasileiro organiza e realiza seus gastos, mas, se calcularmos a arrecadação total de impostos em relação à população do país (em vez de como proporção do PIB), notamos que os países da OCDE têm, em média, a seu dispor, um valor 4,4 vezes maior de dólares do que o Brasil para gastar com cada habitante. Segundo dados da OCDE, a carga tributária per capita brasileira era de US$ 3209 em 2017, ante US$ 13 234 por habitante no Reino Unido, por exemplo. Na Noruega, esse valor chega a US$ 28 943.

É evidente que os salários de médicos e professores e outros custos associados à provisão de serviços públicos (que não incluem equipamentos e medicamentos importados, por exemplo) também são menores aqui. Mas não ao ponto de explicar uma diferença de tal magnitude. Em termos de Paridade de Poder de Compra, que levam em conta justamente os custos de vida de cada país, o gasto do governo com educação em relação ao número de alunos em idade obrigatória de estudar é, no Brasil, 3,8 vezes menor que nos Estados Unidos e 8,5 vezes menor que na Suécia.[6]

Mas por que o teto de gastos tende a aumentar essas disparidades ao longo do tempo? No caso da saúde e da educação, o mecanismo é diferente do que ocorre com outros gastos, pois ainda há um mínimo exigido para a destinação de recursos. Antes da aprovação do teto, esse mínimo era calculado como uma proporção do total arrecadado pelo governo. Com o teto, o mínimo passou a ser definido a partir do nível que já era gasto quando entrou em vigor a nova regra em 2017, sendo reajustado apenas pela inflação.

No Brasil, essa vinculação de recursos tributários para a educação vinha desde a Constituição de 1934. O princípio básico era o de que, para garantir direitos aos cidadãos, era necessário também atribuir deveres ao Estado. O artigo 112 da Constituição de 1988 definiu, portanto, que a União nunca aplicaria menos de 18% da arrecadação de impostos na "manutenção e desenvolvimento do ensino". Para a saúde, esse mesmo princípio só passou a valer no ano 2000. A emenda constitucional definiu então que, no caso da União, os gastos de 1999 seriam acrescidos de, no mínimo, 5% ao ano acrescidos pelo próprio crescimento nominal do PIB. Para os estados e municípios, ficou estabelecido que 12% e 15%, respectivamente, da receita vinculada também deveria ser destinada à saúde, de forma gradual, até 2004.

Como apontam pesquisadores do Ipea em texto de 2019, ainda que vários entes não tenham cumprido o mínimo exigido, essa vinculação de recursos na saúde funcionou para comprometer mais estados e municípios no financiamento do SUS, cuja descentralização federativa já estava determinada na Constituição.[7] A participação dos entes subnacionais no financiamento do sistema subiu de 49,9% dos recursos, em 2003, para 56,7%, em 2017. Como percentual do PIB, o gasto das três instâncias de governo passou de 3,16% do PIB, em 2003, para 4,05%, em 2017. Já em termos per capita, os gastos com saúde das três esferas quase dobrou, passando de R$ 670, em 2003, para R$ 1279, em 2017, já descontando a inflação.

Para o governo federal, no entanto, a regra foi alterada mais uma vez em 2015. Na verdade, como no caso da União não havia uma vinculação de receitas e sim um mínimo que dependia do crescimento da economia, a contribuição do governo federal para o financiamento do SUS aumentou bem menos do que a dos estados e municípios: os gastos da União com saúde mantiveram-se essencialmente no mesmo percentual do PIB entre 2003 e 2015, de 1,6%. Diante disso, foi aprovada em março de 2015 uma nova emenda constitucional, que determinou que o gasto federal em saúde também seria vinculado ao total arrecadado (receita corrente líquida) por meio de percentuais cada vez maiores: 13,2% da receita em 2016, 14,1% em 2019 e 15% em 2020.

Antes que se chegasse a esses percentuais, foi aprovada, ainda em 2016, a PEC do teto de gastos. Mesmo que não tenha eliminado de vez a destinação mínima de recursos para a saúde e a educação, a regra mudou muito a dinâmica desse piso ao longo do tempo. É verdade que, inicialmente, os recursos destinados para a saúde aumentaram. Em 2017, ano que serviu de base para os cálculos posteriores desse mínimo, o governo antecipou a aplicação de 15% da receita para a saúde que estavam previstos somente para 2020 na regra antiga. O problema é que, a cada ano, o reajuste desse piso se dá apenas pela inflação do ano anterior, desassociando essa destinação mínima de recursos do crescimento econômico ou mesmo do crescimento populacional. Ou seja, mesmo com a economia e a arrecadação crescendo e com um número cada vez maior de idosos atendidos pelo SUS, por exemplo, os gastos mínimos ficam exatamente no mesmo lugar.

Diante disso, alguns argumentam que o governo sempre pode decidir destinar mais do que o mínimo para essas áreas, desde que respeitando o teto para as despesas totais. Na prática, não é bem assim. O governo até fez isso nos primeiros anos desde a aprovação da Emenda Constitucional 95, mas o teto também vai ficando cada vez mais baixo em relação ao tamanho da economia ao longo do tempo. Afinal, assim como os pisos, o teto foi aplicado com base no valor gasto em 2017 e também só permite o reajuste desse total pela inflação. Além disso, mesmo se as despesas previdenciárias crescerem a um ritmo menor pela aprovação da reforma em 2019, limitar o crescimento do conjunto de despesas do governo à taxa de inflação do ano anterior faz com que sobre a cada ano menos espaço para os itens não obrigatórios do Orçamento. A primeira consequência é um acirramento de conflitos distributivos na sociedade: diferentes áreas e categorias buscam preservar suas fatias de um bolo que vai ficando cada vez menor.

Ou seja, em vez de trazer uma alocação mais eficiente ou prioritária dos recursos, como argumentavam os defensores da regra, o teto de gastos serve, na prática, para colocar a educação contra a saúde, a ciência contra a cultura, o Minha Casa Minha Vida contra o Bolsa Família, com a distribuição final dependendo da capacidade de organização ou do poder de influência de cada setor — além, é claro, dos objetivos de cunho político-ideológico de quem governa. Áreas que contam com menos defensores e que não têm um mínimo exigido de recursos levam boa parte do prejuízo: é o caso da infraestrutura, da ciência e tecnologia e da assistência social, por exemplo. Mas ainda assim, em meio a um conflito cada vez mais acirrado, fica difícil aumentar os gastos com saúde e educação para além do piso.

É claro que o ônus para a saúde e educação da Emenda Constitucional 95, se comparado à regra anterior, que vinculava os recursos mínimos à receita do governo, depende da economia estar mesmo crescendo. Em meio a uma queda do PIB e das receitas, como a que estamos vendo na pandemia, esse piso teria caído com a regra antiga. Mas na pandemia, nem o teto de gastos e nem as outras regras fiscais precisaram ser respeitadas, de toda forma: abriu-se uma margem de manobra para atuação na crise que aliás já deveria estar prevista na própria regra. Mas a pergunta a ser feita é sobre a trajetória média desses gastos ao longo dos anos. Um estudo de Francisco Funcia e Carlos Ocké-Reis mostrou que, caso o novo mínimo adotado na PEC do teto de gastos já estivesse valendo no Brasil no período 2001-15, os gastos federais em saúde teriam caído 0,5 ponto percentual em relação ao PIB no período, e R$ 150 em termos per capita — uma magnitude que traria consequências ainda mais acentuadas sobre a qualidade dos serviços e as condições de saúde da população. Da mesma forma, na educação, o fato de o governo gastar mais do que o mínimo exigido não impede que haja um efeito de achatamento pelo teto.

Sobraram, no entanto, algumas brechas para expandir os gastos nessas áreas. Primeiro, no caso da educação, a Emenda Constitucional 95 não prevê limitação de gastos para a complementação da União ao Fundo de Manutenção e Desenvolvimento da Educação Básica e de Valorização dos Profissionais da Educação (Fundeb), preservando também a vinculação constitucional de 25% do orçamento de estados e municípios para as despesas com a educação básica (da creche ao ensino médio). O fundo é composto pelos impostos de estados e municípios e, atualmente, a União arca com 10% do montante para complementar o valor destinado às regiões em que o gasto por aluno é inferior a um patamar mínimo estipulado anualmente. O Fundeb, cuja vigência se encerra em 2020, corresponde a 63% de todo o recurso da educação básica pública no Brasil.

No entanto, em 2019, a estratégia da equipe econômica do governo Bolsonaro diante das restrições cada vez maiores impostas pelo teto de gastos era ir além na desvinculação desses recursos. Em entrevista ao jornal *Valor Econômico* publicada em 9 de setembro de 2019, o ministro Paulo Guedes deixou claro o seu plano.[8] "Vamos desindexar, desvincular e desobrigar todas as despesas de todos os entes federativos", afirmou Guedes, fazendo menção a uma emenda constitucional que apelidou de DDD (desindexar, desvincular e desobrigar). Sobre o achatamento gerado pelo teto de gastos, o ministro foi taxativo: "Não queremos furar o teto. Queremos é quebrar o piso da despesa obrigatória e a ferramenta para isso chama-se pacto federativo".

Não é nada difícil prever quem arcaria com os maiores custos dessa escolha em um país com níveis abissais de desigualdade: aqueles que dependem de serviços públicos universais e gratuitos, bem como de nossa rede de proteção social. Conforme o estudo de Fernando Gaiger Silveira e outros pesquisadores,[9] a estimativa é que o conjunto dos gastos públicos com saúde e educação no Brasil reduz a desigualdade medida pelo índice de Gini em 18%. Os autores mostram ainda que o efeito redutor de desigualdades desses gastos aumentou nos anos 2000: o efeito negativo sobre o índice de Gini era de 13,1% nas estimativas realizadas a partir da Pesquisa de Orçamento Familiar de 2003. A desvinculação de recursos e a desobrigação das despesas nessas áreas em meio às restrições orçamentárias impostas pelo teto e pelas demais regras fiscais provocaria, portanto, efeitos catastróficos para a população mais vulnerável. A desindexação dos benefícios sociais do salário mínimo, também proposta por Guedes, aumentaria ainda mais esses efeitos — sobretudo para os idosos de baixa renda, que atualmente recebem um salário mínimo de aposentadoria ou do BPC. Assim, abaixo do piso que o governo tinha a intenção de quebrar, sabemos o que há: a barbárie anunciada por Drauzio Varella.

Mesmo antes da pandemia, o Congresso parecia não estar tão alinhado com a estratégia da equipe econômica. Em reunião com investidores em Nova York no dia 16 de maio de 2019, o presidente da Câmara, Rodrigo Maia, já havia defendido que o teto de gastos, se não for revisto, pode levar o país ao "colapso social". Na véspera, 222 cidades do Brasil haviam registrado manifestações contra os cortes na educação, nas maiores mobilizações de rua contra o governo Bolsonaro até aqui. Embora o contingenciamento de recursos na área fosse uma resposta à dificuldade de cumprimento da meta anual de resultado primário, fruto de mais uma rodada de frustração de receitas, Rodrigo Maia pôs o dedo na ferida ao atribuir um eventual colapso social ao teto. Os conflitos gerados pelo achatamento das despesas não obrigatórias pelo teto de gastos tornam essencial, aliás, que as mobilizações legítimas de cada setor pela preservação de recursos destinados a áreas prioritárias para a sociedade — dos quais o Censo do IBGE, a educação pública e as bolsas de pesquisa foram alvo de campanhas em 2019 — venham combinadas a uma demanda coletiva por um regime fiscal que garanta o equilíbrio das contas públicas a médio prazo sem impor uma camisa de força à democracia e à própria economia.

De todo modo, em outra demonstração de desalinhamento entre o governo Bolsonaro e os parlamentares, o Congresso Nacional chegou a costurar um acordo em fevereiro de 2020 para aumentar o valor aportado pela União ao Fundeb — de 10% para 15% do montante total destinado à educação básica dos estados e municípios mais pobres, com um crescimento escalonado por dez anos até atingir 40%. Como a vigência do Fundeb era somente até 2020, a não renovação do fundo implicaria perda substancial de recursos para a educação básica em todo o país. A proposta travou na Câmara devido ao descontentamento do governo, que ainda pretendia desvincular recursos para a saúde e educação e impor mais cortes aos estados em crise. O ministro da Educação nem chegou a apresentar uma proposta de prorrogação do Fundo à Câmara. Mas com a chegada da pandemia, o próprio ministro Paulo Guedes recuou na ideia de eliminar os fundos públicos, desvincular todos os recursos e desobrigar as despesas dos entes federativos. Em videoconferência com prefeitos da Confederação Nacional de Municípios no fim de março, Guedes afirmou: "Podíamos excepcionalmente renovar o Fundeb exatamente como ele é hoje por dois ou três anos para que todo o dinheiro excedente possa ser mandado para a saúde".[10]

Além disso, após sucessivos impasses, o governo aprovou um pacote de socorro a estados e municípios para o combate à pandemia no valor de R$ 60 bilhões, que podem ser destinados a ações na área da saúde e assistência social. Na sanção do projeto pelo presidente Jair Bolsonaro, foi vetado o trecho que permitia o reajuste salarial a algumas carreiras do funcionalismo público, entre os quais os profissionais da saúde e da segurança pública. O pacote condicionou a ajuda ao congelamento dos salários de todos os servidores estaduais e municipais, bem como à contratação de pessoal, à realização de concursos e à criação de cargos até dezembro de 2021.

O debate sobre salários de servidores é um tema à parte. Ao mesmo tempo que a crise da Covid-19 suscitou defesas da tributação das grandes fortunas como forma de distribuir melhor os seus custos, também proliferaram declarações e propostas para reduzir o salário dos funcionários públicos. Tais defesas baseiam-se na ideia de que é um privilégio preservar o salário em meio à crise quando tantos brasileiros do setor privado perdem seus empregos e renda. Mas por que, nesse caso, os empregados formais do setor privado que mantiveram suas rendas e empregos não são chamados a contribuir também com parte da sua renda para o combate à pandemia? A verdade é que o foco nos funcionários públicos revela o desejo de se aproveitar dos custos gerados pela pandemia para realizar aquilo que se convencionou chamar de um "enxugamento da máquina pública". Tais defesas costumam tratar o funcionalismo como uma única categoria privilegiada, sem levar em conta que há enormes disparidades de renda e de carreira entre servidores e que há uma contradição entre exigir melhores serviços de educação, saúde ou segurança e querer que os profissionais dessas áreas ganhem menos ainda, por exemplo.

Adotando uma visão estereotipada dos servidores, o ministro da Economia Paulo Guedes chegou a declarar em fevereiro de 2020 que o funcionário público é um "parasita" e o Estado brasileiro é um "hospedeiro" que "está morrendo".[11] Com base em dados do Banco Mundial, do Atlas do Estado Brasileiro do Ipea e da Rais do IBGE (Relação Anual de Informações Sociais) de 2018, a revista *piauí*[12] consolidou algumas informações sobre a realidade a as diferenças entre servidores no Brasil. Primeiro, metade dos servidores ganha menos de R$ 2,7 mil por mês de renda bruta e apenas 3% ganha mais do que vinte salários mínimos, o que deixa claro que tratá-los em seu conjunto como privilegiados é, no mínimo, equivocado. No Judiciário, 85% dos servidores ganham mais que R$ 5 mil, ante apenas 25% no Executivo. Enquanto procuradores da Justiça ganham, em média, R$ 37 mil, professores de 1ª à 4ª série com nível superior ganham R$ 3,3 mil, e médicos clínicos R$ 9,8 mil, por exemplo.

Segundo, a cada cem servidores públicos (de um total de 11,4 milhões), 22 são professores, dois trabalham em outras áreas da educação, onze são médicos, enfermeiros e outras profissões da saúde, cinco fazem limpeza e quatro prestam serviços de segurança. É difícil, portanto, imaginar uma sociedade que funcione sem servidores públicos. Terceiro, o estudo mostra que um funcionário público brasileiro ganha, sim, 8% a mais, em média, que um trabalhador que exerce função similar no setor privado. Mas essa diferença é de 21% na média de 53 países analisados pelo Banco Mundial. Além disso, os funcionários públicos municipais, por exemplo, não ganham nenhum adicional em relação a um trabalhador privado com função equivalente. Por fim, em algumas carreiras é muito mais fácil chegar ao topo do que em outras. Enquanto 78,9% dos servidores de carreiras jurídicas estão no topo da carreira, esse percentual é só de 2,9% entre os professores do ensino superior, por exemplo.

Além disso, como vimos, os salários de servidores em seu conjunto ficaram estagnados em relação ao PIB desde a Constituição de 1988 e, portanto, não respondem pelo aumento do tamanho do Estado observado desde então. Dito isso, o fim de supersalários e outras remunerações acima do teto constitucional certamente contribuiria para tornar o conjunto dos gastos públicos ainda mais redutores de desigualdade. Mas daí a juntar essas categorias em uma só visão caricatural e imaginar que é possível melhorar serviços de saúde, educação e assistência social sem pagar o suficiente nesses setores para atrair profissionais qualificados é ingenuidade ou, pura e simplesmente, desonestidade.

Voltando à ajuda aos estados e municípios durante a pandemia, os dados consolidados pelo Observatório da Política Fiscal do IBRE/FGV até o fim de abril, que ainda previam um socorro pelo governo federal de R$ 40 bilhões (e não os R$ 60 bi aprovados), revelam que o total repassado aos governos subnacionais já superava 1,8% do PIB, incluindo a renegociação e suspensão de dívidas junto aos bancos públicos e à União. Do total de recursos novos, parte se refere ao pacote de transferência direta, e parte a transferências do Fundo Nacional de Saúde e outros fundos públicos (Fundos de Participação dos Estados e dos Municípios). Trata-se de um valor significativo, ainda que insuficiente para cobrir os custos adicionais associados à crise e à perda de arrecadação de impostos de estados e municípios em meio à recessão.

A esta altura o leitor deve se perguntar: como o Estado brasileiro poderia expandir investimentos em infraestrutura, a rede de proteção social e, ao mesmo tempo, os gastos com serviços públicos de saúde e educação? É verdade que durante a pandemia isso pode ser feito por meio do maior endividamento. No entanto, um nível maior de endividamento pode ser um vetor de concentração de renda, à medida que detentores de títulos públicos são remunerados com juros ao longo do tempo. Se a ideia é estabilizar a razão dívida-PIB do governo a médio prazo e reduzi-la em um prazo mais longo, é necessário separar as fontes de financiamento dessas despesas em duas partes. Uma delas continuaria vindo do endividamento, já que o próprio crescimento econômico gerado pelos efeitos multiplicadores sobre a renda e os empregos desses gastos contribui para gerar maior arrecadação de impostos, além de aumentar o denominador dessa razão (o PIB). Os investimentos em infraestrutura, por exemplo, podem ser financiados parcialmente dessa forma, mesmo que impliquem maior nível de endividamento até a superação das carências identificadas.

Já a outra parte, relativa aos serviços de saúde, educação e ao estabelecimento de uma rede ampla de proteção social, depende da seguinte escolha pela sociedade. Caso queiramos renovar o pacto social de 1988, reduzir nossas abissais desigualdades e melhorar a qualidade e a cobertura dos serviços prestados e da assistência aos mais vulneráveis, temos que admitir a necessidade de elevação de nossa carga tributária em relação ao PIB e per capita em direção ao que é arrecadado em países que também fizeram essa opção. Veja bem. Um aumento da carga tributária não significa um aumento para todos os brasileiros: é perfeitamente possível, ao mesmo tempo, arrecadar mais e redistribuir o peso dos impostos e contribuições de modo a onerar os mais ricos e aliviar os mais pobres. Lembremos dos exemplos dados sobre a carga tributária sueca e norte-americana e os serviços prestados em cada um desses sistemas. No modelo de Estado de bem-estar social-democrata, o princípio básico é justamente o de que todos podem utilizar os serviços de qualidade ou ter acesso à rede de proteção, mas os que ganham mais, pagam mais impostos.

Nesse sentido, trata-se de uma escolha bem diferente da que muitos têm defendido no Brasil. Por exemplo, para que o Estado combata desigualdades, não se trata de cobrar mensalidades nas universidades públicas dos alunos mais ricos que lá estudam, e sim de reduzir essas aparentes injustiças cobrando mais imposto de renda dos pais desses alunos. Da mesma forma, não se trata de focalizar os programas de transferência de renda apenas naqueles que estão abaixo da linha de pobreza, e sim de conceder um mínimo de sobrevivência para todos os brasileiros enquanto cobramos impostos cada vez maiores do topo da pirâmide. Já mencionamos alguns dos elementos que deveriam fazer parte dessa redistribuição da carga tributária. Mas nada impede que uma reforma que reduza alíquotas de impostos sobre o consumo e aumente aquelas sobre a renda e o patrimônio implique também uma elevação da carga total. Repetindo. A carga tributária total deve ser aquela compatível com a escolha democrática do que se quer atingir em termos de Estado de bem-estar social. Quando se demoniza qualquer elevação dessa carga, se está demonizando, na prática, o Estado protetor e prestador de serviços.

Na proposta de reforma do Estado brasileiro feita pelo ex-presidente do Banco Central Armínio Fraga, por exemplo, prevê-se uma economia de 3% do PIB com funcionalismo público, 3% do PIB com a Previdência e 3% do PIB com a redução de subsídios e gastos tributários. Deixando de lado o corte sugerido sobre os salários do funcionalismo e a Previdência, que parecem em boa parte incompatíveis com o tipo de modelo de Estado que estamos discutindo, cabe um olhar mais atento para a proposta de economizar 3% do PIB em subsídios e gastos tributários. Entre as medidas com maior capacidade de angariar recursos apontadas por Fraga estão a redução ou eliminação dos regimes especiais de tributação — o Simples Nacional, por exemplo, estimula a pejotização das atividades e leva à subtributação dos serviços prestados por advogados, médicos, jornalistas e profissionais liberais de alta renda; o fim das deduções de gastos com saúde e educação privadas no Imposto de Renda da Pessoa Física (IRPF); o aumento da alíquota máxima marginal de IRPF para um patamar maior que 27,5% e mais próximo de padrões internacionais; o fim da isenção de imposto de renda sobre dividendos e o aumento dessa tributação nos juros de aplicações e ganhos de capital; o aumento do imposto sobre heranças com alíquotas progressivas a partir de um certo patamar.

Note que quando Fraga fala em uma economia de 3% do PIB com essas propostas, na prática, trata-se de um aumento da carga tributária de 3 pontos percentuais do PIB. Mas aí o ex-presidente do BC propõe que os 9% do PIB de recursos adicionais gerados por essas medidas e aquelas destinadas a economias com o funcionalismo e a Previdência poderiam ser utilizados para uma combinação entre aumento do resultado primário do governo como forma de reduzir a dívida (3% do PIB), investimentos sociais (saúde educação, saneamento etc.), outros investimentos de elevado retorno social (infraestrutura, pesquisa básica etc.) e/ou redução da carga tributária. "Uma opção extrema seria reduzir a carga tributária em até 6 pontos percentuais. Seria uma opção conservadora, que espelharia ceticismo quanto à ação do Estado [...]. A minha opção seria fazer as reformas e ajustes e assim viabilizar aumento relevante dos investimentos sociais, que ademais se beneficiariam dos ganhos de produtividade do Estado obtidos com uma reforma administrativa. Assim seria possível reduzir as desigualdades e acelerar o crescimento."

Ou seja, o caminho escolhido por Fraga é o de não reduzir o tamanho do Estado na economia, e sim utilizar os recursos para pagar a dívida, de um lado, e expandir investimentos sociais, de outro. Essa opção, de todo modo, já pode tornar-se incompatível com a atual versão do teto de gastos no médio prazo, já que a regra impede um aumento dos gastos públicos em proporção do PIB mesmo no caso de uma arrecadação maior e de uma redução da dívida.

Mas supondo que o teto de gastos seja revisto, e que os mesmos 3% do PIB possam ser arrecadados pela eliminação dos subsídios e isenções e a elevação das alíquotas de tributação sobre a renda e o patrimônio propostas por Fraga, o caminho escolhido pela sociedade brasileira poderia ser, por exemplo, o de levar mais tempo para estabilizar a dívida, dedicando muito menos do que os 3% do PIB propostos para o resultado primário a cada ano, e dividir o resto dos recursos entre proteção social, saúde, educação e infraestrutura. Ou então aumentar a tributação dos mais ricos e assim ganhar espaço para redução na carga tributária dos mais pobres, sem perda de recursos nas áreas já mencionadas. Ou, por fim, o caminho escolhido poderia ser o de adicionar alguma economia com supersalários e auxílios de funcionários públicos à conta, para então destinar um volume adicional de recursos nas áreas de saúde e educação.

Certamente a equipe econômica do governo Bolsonaro escolheria o que Armínio Fraga classificou como "opção extrema", mas ainda cabe à sociedade brasileira definir democraticamente o seu caminho. Repetindo. O tamanho do Estado é uma escolha da sociedade, não dos economistas. E ainda que as manifestações de rua estejam interditadas como formas de mobilização — ao menos para aqueles que optaram por respeitar as recomendações da ciência —, a pandemia mostrou que pressões democráticas junto ao Congresso Nacional podem funcionar, mesmo que parcialmente, para fazer valer essas escolhas. Eleições costumam funcionar mais ainda.

5.
O Estado empreendedor

No livro *O Estado empreendedor*, a economista e professora da University College London Mariana Mazzucato descreve e evidencia o papel que os governos sempre tiveram nas decisões de assumir risco intrínsecas à atividade inovadora e à criação de novos mercados. Ao contrário de tantas análises sobre o papel do Estado no desenvolvimento produtivo de países que subiram a escada tecnológica mais recentemente, como o Japão nos anos 1980 e a Coreia do Sul nos anos 1990, o foco principal de Mazzucato é nas agências governamentais norte-americanas: no país conhecido como o paraíso da livre iniciativa, o Estado realizou investimentos arriscados que culminaram na criação da internet e na maior parte das inovações de gigantes de tecnologia como a Apple e o Google.

Em um dos capítulos mais impactantes, Mazzucato mostra como as tecnologias incorporadas no Iphone — da tela sensível ao toque à assistente pessoal Siri — têm suas origens atreladas a investimentos estatais. O ponto-chave da autora é simples: inovações radicais nos mais diversos setores econômicos necessitam ser financiadas por um agente ousado e muito propenso a correr o risco de que os recursos investidos não levem à criação de uma tecnologia nova. Por isso, inventores geniais não bastam para o desenvolvimento tecnológico. As atividades de pesquisa científica e tecnológica sempre demandaram investimentos do próprio Estado. Mazzucato faz um alerta importante: se o Estado não escolhe ativamente a rede de "vencedores" que se beneficiará de financiamento à atividade inovadora, por ter altas chances de sucesso na criação de tecnologias, é bem provável que acabe sendo alvo de perdedores — indústrias já maduras que querem prolongar no tempo seu período de glória, por exemplo.

Foi somente durante o pós-guerra que as colaborações entre o Pentágono e outras agências de segurança nacional levaram ao desenvolvimento de computadores, aviões a jato, energia nuclear civil, lasers e biotecnologia. Como aponta Mazzucato, os recursos destinados à inovação nesse período tinham o objetivo de consolidar a superioridade tecnológica norte-americana em diversas áreas, sobretudo após o lançamento do *Sputnik* pela União Soviética em 1957. Essa abordagem orientada por missões da política de desenvolvimento tecnológico contrasta com abordagens mais generalistas, em que não há a articulação de institutos de pesquisa, agências governamentais e empresas privadas para a superação de objetivos comuns. No século XXI, quando a guerra fria ou a própria guerra não servem mais para organizar essas políticas, a abordagem orientada por missões tomou novas formas. Mazzucato propõe que seja utilizada, por exemplo, para mobilizar uma rede envolvendo o setor público, as universidades, os institutos de pesquisa e as empresas privadas para a revolução verde, ou seja, a transição energética e tecnológica necessária para interromper o aquecimento global.

Se a história é permeada de exemplos de sucesso na atuação do Estado em financiar pesquisas que geram tecnologias revolucionárias, o mesmo se pode dizer dos fracassos na implementação de políticas que apenas serviram para transferir recursos para setores econômicos com alto poder de influência. E para piorar, muitas vezes os mesmos atores contrários à intervenção estatal na atividade produtiva são aqueles que drenam recursos do Estado através de subsídios e reduções de imposto, sem sequer aplicá-los no desenvolvimento de novos produtos e tecnologias. O princípio de que mercados autorregulados são capazes de gerar a melhor alocação de recursos e a organização produtiva mais eficiente é tão antigo quanto a própria ciência econômica, a começar pelo próprio conceito de mão invisível de Adam Smith, de 1776. Mas em *A grande transformação*, um dos livros mais importantes do século XX, o antropólogo e historiador econômico Karl Polanyi estudou as transformações econômicas ocorridas desde as sociedades pré-modernas para apresentar evidências contundentes de que a própria criação dos mercados não se deu de forma espontânea, e sim sobre as bases do intervencionismo estatal organizado.

Ao comparar estratégias para o setor de tecnologia de informação em seu livro *Autonomia e parceria*, de 2011, o professor de sociologia da Universidade de Berkeley Peter Evans distinguiu essas atuações a partir dos arquétipos de Estado predador, Estado desenvolvimentista e Estado intermediário. O arquétipo do Estado predador para Evans é aquele que, sem instituições burocráticas coerentes e na falta de sociedade civil organizada, utiliza seu poder para "extração de benefícios pessoais e consumo extravagante, diminui a capacidade produtiva privada em vez de reforçá-la". Como exemplo dessa caricatura, que serve para sustentar a visão de que a sociedade funciona melhor sem nenhuma intervenção estatal, Evans analisa o Zaire sob o regime de Mobutu.

"Para os neoutilitaristas, o poder do Estado é a causa da rapinagem. [...] O Estado desenvolvimentista muda inteiramente essa lógica. Ele mostra que a capacidade do Estado pode ser um antídoto para a rapinagem. Para administrar os bens coletivos, os Estados devem agir como entidades coerentes. O poder burocrático institucionalizado impede que funcionários individualmente negociem regras e decisões pelo melhor lance. Ser um ator coerente envolve mais do que apenas controlar a avidez dos funcionários do governo. Envolve também o empreendedorismo. [...] Os Estados desenvolvimentistas devem ser imersos numa densa rede de alianças que os vincule a aliados na sociedade civil com objetivos de transformação."[1]

Não é fácil, como mostram as diversas experiências trazidas por Evans. O sucesso dos Estados japonês ou coreano na produção local de equipamentos de informática contrasta com atuações menos coerentes no Brasil e na Índia. De acordo com o autor, antes dos anos 1960, nenhum país de renda média ou baixa tinha políticas ou instituições voltadas ao desenvolvimento de capacitação em informática. Foi apenas no decorrer das décadas seguintes que o desejo de autonomia nacional e a preocupação com a dimensão tecnológica do poder militar convergiram para a criação de indústrias de informática com controle local. E enquanto a Índia teve uma burocracia relativamente coerente para trabalhar, mas uma inserção ineficiente na sociedade, o Brasil conseguiu articular projetos de risco com o setor privado, mas só contou com alguns "bolsões" de coerência burocrática. Ou seja, segundo Evans, nem o Brasil dos anos 1970 e nem a Índia dos anos 1960 tinham em mãos as condições para a intervenção estatal que fizeram emergir o crescimento industrial coreano dos anos 1990.

Mas ainda que o Estado tenha tido, como mostrou Mazzucato, papel essencial na promoção do desenvolvimento tecnológico nos séculos XX e XI, seu tratamento pela teoria econômica atravessou fases distintas. Há, no entanto, uma diferença fundamental: ao contrário das políticas de estabilização da demanda, a intervenção estatal na promoção do desenvolvimento produtivo e tecnológico não assume papel central na macroeconomia keynesiana básica. Tampouco há relação necessária entre presença maior do Estado na proteção social e na provisão de serviços públicos, típica dos Estados de bem-estar social, e sua atuação no desenvolvimento de setores econômicos de maior sofisticação tecnológica. Já com o investimento em infraestrutura, a relação é mais estreita: o Estado empreendedor e o Estado investidor costumam andar juntos no desenvolvimento da estrutura produtiva, sendo a infraestrutura frequentemente compreendida como pré-condição para o progresso tecnológico. De modo geral, ainda que o crescente entendimento nos anos 1980 e 1990 de que a intervenção estatal apenas distorce o equilíbrio gerado pelos mecanismos de mercado, sendo necessária somente nos casos em que o próprio mercado apresenta falhas, tenha levado a uma desvalorização dos papéis do Estado em todas as áreas analisadas neste livro, a história do pensamento econômico em cada uma delas pode ser examinada a partir de origens e desenvolvimentos particulares.

É impossível, por exemplo, tratar do papel do desenvolvimento tecnológico para o crescimento econômico dos países na história do pensamento sem voltar a Joseph Schumpeter (1883--1950), que tratou especificamente da inovação como motor da dinâmica capitalista. Por isso, economistas de linhagens schumpeterianas sempre deram maior atenção ao papel do Estado no apoio a P&D (pesquisa e desenvolvimento), infraestrutura, qualificação de trabalhadores e outros fatores pelo lado da oferta do que aqueles que se identificam como keynesianos. Como apontou Mariana Mazzucato, mesmo "à esquerda do espectro político, investimentos em programas que aumentam a produtividade sempre foram menos populares do que o gasto com instituições do Estado de bem-estar social como educação e saúde". "Mas as instituições do Estado de bem-estar não podem sobreviver sem uma economia produtiva por trás que gere os lucros e as receitas tributárias que possam financiar esses direitos."[2]

A relação entre crescimento econômico e inovação na economia neoclássica está baseada essencialmente na possibilidade de expansão das fronteiras de produção por meio do aumento da produtividade. Ou seja, quanto melhor a tecnologia disponível, maior é o valor agregado pela atividade produtiva a cada hora de trabalho dedicada pelos trabalhadores. No influente modelo desenvolvido pelo prêmio Nobel de economia Robert Solow em 1956, o crescimento econômico é tanto maior quanto mais rápido for o progresso técnico, à medida que expande o potencial de produção para um dado estoque de capital físico e de trabalho disponíveis. Nos desenvolvimentos posteriores da Nova Teoria do Crescimento, introduz-se a possibilidade de que essa dinâmica de progresso técnico responda ao próprio crescimento econômico, à medida que a expansão da escala das atividades traz maior aprendizado e favorece a introdução de novas tecnologias. Nesse tipo de modelo teórico, os investimentos em P&D e na formação do capital humano (educação, por exemplo) são cruciais para o crescimento de longo prazo das economias e para explicar o porquê de alguns países terem taxas cada vez maiores de crescimento da renda média, enquanto outros permanecem na armadilha do subdesenvolvimento.

As ideias schumpeterianas de que o crescimento econômico nas economias capitalistas é um processo de destruição criativa, em que as empresas que conseguem inovar sobrevivem e as demais são expulsas do mercado pela concorrência, também foram incorporadas pela Nova Teoria do Crescimento dos anos 1990.[3] Nessas teorias, é possível determinar uma trajetória de equilíbrio para o crescimento econômico a partir da probabilidade de que o investimento em pesquisa pelas firmas produza inovações significativas. Já na literatura dita neoschumpeteriana ou evolucionária, a destruição criativa se dá em ambiente de alta complexidade permeada por desequilíbrios e incerteza, não sendo possível determinar de antemão uma trajetória provável de crescimento. Daí o conceito de teoria evolucionária: tal como na biologia, os mecanismos de seleção fazem com que, em meio a um grande número de empresas distintas em seu comportamento, as inovadoras sobrevivam e as outras morram ao longo do processo. Esse efeito acaba gerando crescimento da produtividade da economia como um todo, à medida que empresas com estratégias menos bem sucedidas são destruídas.

Ou seja, as inovações assumem papel relevante para o processo de crescimento econômico tanto nas teorias que ainda fazem parte do *mainstream*, caso dos modelos da Nova Teoria do Crescimento, quanto em abordagens evolucionárias e da economia da complexidade. Isso não quer dizer que o Estado seja encarado como essencial para desencadear esses processos. Em muitas dessas teorias, o papel do Estado é sobretudo o de fornecer as condições adequadas para que a inovação ocorra, definindo direitos de propriedade sobre os frutos dessa atividade (patentes e outros mecanismos associados à propriedade intelectual) ou, em alguns casos, a infraestrutura e a educação necessária para os trabalhadores e pesquisadores (o capital humano).

Há controvérsia entre economistas acerca da necessidade de desenvolver setores específicos de atividade para que as inovações sejam frequentes e disseminadas. Pensadores como Nicholas Kaldor, Paul Rosenstein-Rodan e Arthur Lewis influenciaram gerações de economistas a partir de análises que tratam de forma distinta os setores modernos — essencialmente industriais — e os setores de serviços ou agrícolas. Na visão kaldoriana, por exemplo, a indústria tem papel central justamente por permitir maiores ganhos de produtividade conforme aumenta a escala de produção, através de ganhos associados ao aprendizado e à incorporação de novas tecnologias. Em seu livro de 1966, o economista da Universidade de Cambridge, representante da primeira geração de discípulos de John Maynard Keynes, atribui o lento crescimento da economia britânica no pós-Segunda Guerra ao aumento do peso do setor de serviços (menos capaz de produzir avanços tecnológicos) em detrimento do setor industrial.

No estruturalismo latino-americano de Raúl Prebisch e Celso Furtado, desenvolvido nos anos 1950, a indústria oferece também a possibilidade de evitar desequilíbrios externos, já que o aumento da renda ao redor do mundo tenderia a trazer demanda maior por produtos industriais em relação ao consumo de produtos agrícolas. Dito de outro modo, países periféricos especializados na produção de alimentos, por exemplo, tenderiam a importar cada vez mais produtos dos países centrais em relação às suas exportações de produtos primários, criando desequilíbrios externos ao longo do tempo. Assim, a superação do subdesenvolvimento exigiria um papel ativo do Estado no desenvolvimento industrial e, em particular, na proteção às indústrias nacionais nascentes.

Já em abordagens mais recentes, como a dos professores da Universidade de Harvard Ricardo Haussmann e César Hidalgo, o foco é nas inter-relações entre setores — sobretudo industriais e de serviços a empresas — em uma economia complexa e sua capacidade de gerar maior crescimento econômico e empregos melhores.

Essas visões contrastam com as teorias de comércio baseadas na noção de vantagem comparativa, que têm origem no trabalho clássico de David Ricardo de 1817. Em arcabouços ricardianos, cada país ganha mais ao se especializar na produção daquilo que exige os recursos que a economia já tem em abundância. Países com alta dotação de recursos naturais, por exemplo, se beneficiariam ao se especializar em setores que utilizam tais recursos de forma intensiva e ao importar produtos industriais dos países com maior dotação de capital físico ou humano. Ou seja, a tentativa de intervenção estatal para alterar essas estruturas herdadas do passado, com o intuito de construir novas vantagens comparativas, seria contraproducente para o próprio país e para o comércio global. Essa abordagem dá, portanto, fundamentação à frase atribuída ao assessor econômico da Casa Branca Michael Boskin durante as eleições presidenciais de 1992, que causou furor entre economistas desenvolvimentistas: *"computer chips, potato chips, what's the difference!"* [chips de computador, batata chips, qual a diferença!]. Se não faz diferença produzir um ou outro, então não faria mesmo sentido vislumbrar nenhum papel para o planejamento estatal do desenvolvimento produtivo e tecnológico.

As evidências históricas parecem destoar bastante dessa visão. Ainda que muitos países tenham fracassado em suas tentativas de subir a escada tecnológica, outros certamente foram bem sucedidos. Além de Japão e Coreia nos anos 1980 e 1990, no século XXI foi a vez da China. São muitas as explicações para o enorme crescimento chinês das últimas décadas, acompanhado da exportação de bens sofisticados tecnologicamente, mas basear a análise nas vantagens comparativas do país não é lá muito convincente.

Nem precisamos ir tão longe. Como mostra Mariana Mazzucato, o financiamento estatal da pesquisa e inovação sempre se fez presente no berço dos gigantes de tecnologia do mundo: o vale do silício. Dados da National Science Foundation de 2008 apresentados por Mazzucato mostram que o governo norte-americano respondia por 26% dos recursos totais destinados a P&D e por 57% dos recursos destinados à pesquisa básica. O papel central do Estado no desenvolvimento tecnológico norte-americano é amplamente documentado. A pesquisa de Fred Block e Matthew Keller, de 2011, identificou que, entre 1971 e 2006, 77 entre as 88 inovações mais importantes do país foram inteiramente dependentes do apoio federal à pesquisa, sobretudo em suas fases iniciais. Na indústria farmacêutica norte-americana, 75% dos medicamentos radicalmente novos — não derivados de medicamentos pré-existentes — resultaram de pesquisas financiadas por laboratórios financiados pelo Estado. Os laboratórios públicos investem sobretudo na fase de maior risco dessas pesquisas, enquanto empresas farmacêuticas concentram-se em financiar variações menos arriscadas dos medicamentos existentes.

Mas com a chegada da pandemia, a escassez de máscaras, álcool em gel, testes, oxímetros, respiradores nas UTIs bem como a necessidade de desenvolvimento rápido de uma vacina, trouxeram a pesquisa científica e o desenvolvimento industrial e tecnológico de volta ao centro do debate público e das esferas decisórias dos governos. Quando empresas começaram por iniciativa própria a adaptar suas fábricas para ajudar na produção dos insumos médicos demandados, o debate econômico passou a debater a reconversão industrial e estratégias mais amplas de redução da dependência de produtos chineses e de outras economias industriais. Enquanto isso, na China, fábricas do parque industrial e tecnológico já estabelecido ampliavam suas operações para atender a expansão da demanda internacional.

Diante dos novos desafios, ficou claro que reconverter indústrias para a produção de alguns desses insumos em escala exigia uma capacidade produtiva e tecnológica que nem sequer estava disponível na maior parte do mundo subdesenvolvido e até mesmo em países ricos. A batalha para importá-los da China transformou-se em verdadeiro impasse geopolítico. No início de abril, oficiais alemãs chegaram a acusar os Estados Unidos de "pirataria moderna" pelo desvio na Tailândia de uma carga de máscaras do tipo N-95 produzidas na China e que já estariam a caminho da Europa, por meio de uma oferta maior de preço com pagamento à vista.[4]

A pandemia se apresenta como uma dessas missões das quais tratou Mazzucato, que podem orientar a política de desenvolvimento produtivo e tecnológico articulando universidades, institutos de pesquisa, empresas privadas, bancos de desenvolvimento e agências governamentais. As políticas de financiamento e de compras públicas poderiam estimular o desenvolvimento dos produtos e das tecnologias necessárias à redução das várias dimensões de desigualdade expostas pelo vírus. O Brasil tem os instrumentos para planejar e executar as políticas necessárias, mas os vinha desmontando nos últimos anos, e deixando de lado a necessidade de desenvolver uma estrutura produtiva diversificada e capaz de atender desafios do século XXI.

A demanda por insumos médicos até desencadeou processos de reconversão produtiva por empresas que sobreviveram ao desmantelamento das cadeias industriais das últimas décadas. Montadoras do setor automotivo foram dedicadas à produção de máscaras e respiradores, inclusive a partir de parcerias com universidades e centros de pesquisa. Além disso, o Ministério da Saúde firmou um contrato com a Magnamed — fabricante nacional de ventiladores pulmonares —, que por sua vez constituiu uma rede de colaboração com empresas de diferentes setores (Positivo Tecnologia, Suzano, Klabin, Flex e Embraer) para a expansão rápida da oferta desses equipamentos.[5] Mas, sem dúvida, a perda de densidade e capacidade tecnológica da indústria brasileira desde os anos 1990, somada à decadência dos mecanismos de planejamento estatal exigidos para uma reconversão desse tipo, cobraram seu preço.

A demonização das políticas de desenvolvimento produtivo e tecnológico no país foi exacerbada por erros cometidos no passado. Diante da perda de empregos industriais e da falta de competitividade das empresas herdadas da era desenvolvimentista do século XX, as escolhas da política industrial basearam-se em tentativas de estender a vida de empresas moribundas, mas com alto poder de influência, da última fase de industrialização. Ficou de lado o planejamento ativo e estratégico do desenvolvimento produtivo para a superação de lacunas ditadas pelas necessidades da população e dos desafios do século XXI. Como havia alertado Mazzucato, o Estado que não escolhe vencedores acaba escolhido pelos perdedores.

Diante da interdição de diversos instrumentos utilizados no século XX para proteger a indústria nacional pela Organização Mundial do Comércio — tarifas de importação ou taxas de câmbio múltiplas que marcaram a era da substituição de importações, por exemplo —, o novo-desenvolvimentismo brasileiro concentrou-se em defender a utilização de políticas macroeconômicas e horizontais. Em particular, a ideia de uma taxa de câmbio de equilíbrio industrial capaz de dar competitividade às empresas que dominam a tecnologia de fronteira, mas que foram excluídas do comércio global pela valorização do real nos anos 2000 e, em particular, no pós-crise de 2008, pautou o debate brasileiro do século XXI. Luiz Carlos Bresser-Pereira e outros membros da escola Novo-Desenvolvimentista brasileira têm toda a razão ao afirmar que o dólar baixo dos anos 2000, causado pela enxurrada de capitais no país decorrente da valorização das *commodities* (petróleo, minério de ferro, soja e outros produtos que o Brasil exporta), e também pela expansão monetária promovida pelos bancos centrais de países ricos no pós-2008, tornou a indústria nacional ainda menos competitiva no comércio global. Afinal, quando o preço do dólar em reais está tão baixo, fica ainda mais difícil evitar a invasão de produtos importados baratos e manter algum espaço para produtos manufaturados em nossa pauta exportadora. Mas evitar a sobrevalorização da moeda está longe de ser suficiente para desencadear o desenvolvimento de novas cadeias produtivas e tecnológicas capazes de concorrer com produtos manufaturados oriundos, sobretudo, de países asiáticos.

Primeiro, porque só é possível baratear os produtos nacionais por meio da desvalorização do real em relação aos produtos de outros países em desenvolvimento se essas economias não tentarem fazer o mesmo, desvalorizando também suas moedas. É um caso clássico da falácia da composição na economia. Se um país desvaloriza sua moeda frente ao dólar, barateia seus produtos e consegue estimular exportações e inibir importações. Mas se vários países ao mesmo tempo realizam essa política, nenhum deles consegue baratear seus produtos em relação aos demais. Ou seja, a desvalorização da moeda como estratégia de desenvolvimento industrial pressupõe que se entre em uma guerra fundada na competição via preços com outros países pelas maiores fatias dos mercados internacionais. Além de prejudicar o crescimento da economia global, o problema de políticas desse tipo é que, na guerra comercial e cambial, os países que partem de um menor nível de salários tendem a levar a melhor. Isso porque quanto menor o custo original com a mão de obra, menor é a necessidade de desvalorizar a própria moeda para baratear os produtos. Não à toa, o

Brasil não é o único a enfrentar uma grande perda de empregos industriais combinada à dependência cada vez maior das importações de manufaturados chineses, ou cada vez mais, no caso de manufaturados de menor conteúdo tecnológico, dos países do sudeste asiático. Todos os países de renda média ou alta têm sofrido esse impacto, detonando a crise da globalização que culminou na ascensão de líderes nacionalistas nativistas em países ricos e na guerra comercial entre Estados Unidos e China detonada por Donald Trump.

Vencer uma guerra fundada em concorrer via preços com países em que os salários são menores tem um custo importante para a distribuição de renda. Afinal, quanto mais alto o preço do dólar em moeda nacional e mais caros ficarem os produtos importados ou seus substitutos nacionais para os consumidores, menor o poder de compra da população. A desvalorização da moeda acarreta, portanto, uma queda do salário real — aquele que leva em conta o custo de vida de uma cesta de consumo padrão. Quanto a isso, os novos desenvolvimentistas defendem que a perda salarial seria apenas temporária, já que conforme a indústria nacional se tornasse competitiva e se desenvolvesse, haveria ganhos de produtividade capazes de aumentar o ritmo de crescimento da renda dos trabalhadores. Mas, para isso, a estratégia teria que dar certo, desenvolvendo setores novos mais dinâmicos do que os remanescentes da indústria brasileira do século XX. Além disso, a perda salarial inicial pode ser obstáculo, já que uma população empobrecida pela inflação causada pelo encarecimento de importados traz consequências nefastas para o mercado consumidor doméstico — em um país continental como o Brasil, esse efeito não é nada negligenciável.

Face a tais custos, o economista argentino Roberto Frenkel costuma defender que ao menos se aproveite os choques que levam à desvalorização da moeda para mantê-la em patamar competitivo, evitando sobrevalorizá-la posteriormente.[6] A forte alta do dólar durante a pandemia se apresenta como um desses contextos, com a vantagem adicional de não ter vindo associada, desta vez, a riscos inflacionários significativos (ao contrário do que ocorreu em 2013, por exemplo). Mas evitar uma futura valorização da moeda certamente não é suficiente enquanto modelo de desenvolvimento em meio a uma globalização cada vez mais feroz.

Mas então o que pode ser feito para reduzir a dependência de *commodities* e desenvolver novos setores e tecnologias em um país como o Brasil? Note que instrumentos utilizados no passado também geraram custos significativos. Mantendo a mesma perspectiva de concorrer via preços nos mercados globais, a redução de impostos via desonerações diversas pode não ter custos distributivos diretos, mas leva a uma perda de recursos para o Estado que pode prejudicar o financiamento dos gastos com proteção social e serviços públicos, ou com investimentos em infraestrutura. No Brasil, a adoção da Agenda Fiesp[7] no primeiro governo de Dilma Rousseff foi uma lição amarga. Diante das evidências de que o crescimento acelerado dos anos 2000 concentrou-se sobretudo nos setores de serviços e *commodities*, a ex-presidente atendeu demandas do empresariado por medidas que reduzissem seus custos de produção. A agenda inclui tanto a redução dos juros e a consequente desvalorização do real quanto uma série de desonerações que foram estendidas para o conjunto da economia (incluindo setores que nem sequer respondem por exportações industriais). Aportes de recursos do Tesouro também foram concedidos para a expansão do crédito subsidiado via BNDES.

Os resultados dessa agenda foram, no mínimo, frustrantes. A produção industrial, os investimentos privados e as exportações de manufaturados não reagiram e, ainda que possam ter salvado alguns empregos, as desonerações acabaram servindo essencialmente para aumentar as margens de lucros de empresários. As razões para esse fracasso são diversas, incluindo a queda no comércio mundial causada pela crise da periferia europeia de 2012. Mas sem dúvida há também um problema no desenho das políticas, que apostaram todas as fichas na redução de custos como forma de enfrentar o acirramento da concorrência no mundo globalizado. Pior. A expansão das desonerações e subsídios para incentivar investimentos privados substituiu os investimentos diretos em infraestrutura pelo Estado em cenário internacional desfavorável, que demandava injeção de ânimo no mercado interno via gastos governamentais com alto impacto multiplicador. A desaceleração da economia e a deterioração da situação das contas públicas acabaram assim agravadas pelo fracasso dessas políticas, abrindo espaço para a defesa do corte de gastos e a implementação da agenda de austeridade desde 2015.

Os instrumentos para proteger a indústria nacional em meio à interdição pela OMC de antigas formas de barreiras ao comércio — ao menos para países periféricos, já que os Estados Unidos têm implementado uma série desses instrumentos — são menos eficazes e, sobretudo, têm custo distributivo e fiscal maior do que os utilizados no processo de industrialização dos anos 1960 e 1970. Tarifas de importação geram receitas para o governo, enquanto desonerações drenam recursos.

Além da redução de impostos e da desvalorização cambial, outra medida muito utilizada para concorrer via redução de custos de produção nos mercados globais é a flexibilização das relações trabalhistas e outras medidas voltadas à diminuição dos custos com a mão de obra. Até por isso, o mesmo empresariado nacional que demandou juros menores, dólar mais alto, controles de tarifas de energia elétrica e desonerações da folha de pagamentos no início do governo Dilma, dedicou-se a apoiar a reforma trabalhista de Temer e, posteriormente, a MP da Carteira Verde e Amarela de Bolsonaro. A medida, que flexibiliza direitos trabalhistas nos contratos de trabalho de jovens entre dezoito e 29 anos, chegou a ser aprovada pela Câmara durante a pandemia, mas parou no Senado. Como a medida estava próxima de caducar, o presidente Jair Bolsonaro acabou revogando-a em 20 de abril de 2020 com a promessa de editar uma nova. A flexibilização e a consequente redução de custos com a mão de obra trazidas pela reforma trabalhista de 2017 tampouco se mostraram eficazes para a preservação de empregos e, menos ainda, para aumentar a competitividade da indústria nacional. Na prática, assim como no caso da redução de impostos ou da desvalorização da moeda, o sucesso depende de que a concorrência não esteja engajada em uma estratégia similar. Quando a globalização joga o mundo inteiro em uma tentativa de flexibilizar direitos trabalhistas para reduzir os custos das empresas com a massa salarial, o resultado final pode até ser uma queda da renda global e de cada país, à medida que os mercados consumidores também sofrem contração.

A necessidade revelada pela pandemia de estabelecer uma política voltada ao desenvolvimento produtivo e tecnológico não deve confundir-se, portanto, com a adoção de agendas voltadas para o acirramento da concorrência via preços — a origem da atual crise da globalização. Nesse sentido, é importante notar que nem toda vantagem comparativa no comércio mundial é oriunda da produção por um preço menor. Conforme passamos dos produtos manufaturados mais básicos (e.g. roupas) para os mais sofisticados (e.g. aviões), a concorrência via qualidade e o domínio de tecnologias pouco disseminadas ganham peso maior do que o preço. Mas por que as empresas brasileiras não mobilizam recursos para investir em inovação e na diferenciação de seus produtos? Em seu diagnóstico do que chamou de "doença industrial brasileira", o economista industrial e professor da Universidade Federal do Rio de Janeiro David Kupfer, falecido pouco antes da pandemia, descreveu uma das razões para tal:

"Evidentemente, o diagnóstico da doença industrial brasileira não é simples. De todo modo, papel extremamente relevante é exercido pelo forte incentivo para a adoção pelas empresas de estratégias minimizadoras de investimentos que prevalece no ambiente econômico brasileiro. Quando uma economia formada por agentes minimizadores de investimento entra em crescimento, em vez de investirem em unidades produtivas novas, dotadas de escalas ajustadas e tecnologias atualizadas, as empresas em um primeiro momento se limitam a intensificar a utilização da capacidade existente para não assumir os riscos inerentes à decisão de imobilizar capital fixo. [...] Embora possa se mostrar positiva em termos da sobrevivência individual das empresas, a estratégia de minimização de investimentos conduz a um resultado agregado claramente indesejável porque leva a um quadro de rigidez estrutural que compromete se não impossibilita os avanços requeridos em termos de produtividade, competitividade e inovação para ao menos manter a posição relativa brasileira no cenário internacional."[8]

De acordo com Kupfer, a alta instabilidade macroeconômica contribui para impedir o setor privado brasileiro de mobilizar investimentos para a inovação e a expansão da capacidade produtiva, o que mantém as empresas em uma armadilha de baixo crescimento da produtividade e altos custos de produção. Uma das razões levantadas para explicar o fenômeno é justamente o alto risco envolvido nessas decisões de investimento e de inovação — um fator que já havia aparecido nas justificativas dadas por Mariana Mazzucato para o envolvimento do Estado no financiamento dessas atividades.

Recuperando a ideia da estratégia de desenvolvimento produtivo e tecnológico orientada por missões de Mazzucato, os professores da Unicamp Marco Rocha e Pedro Rossi propõem orientar o modelo brasileiro a partir de "missões orientadas à solução de problemas históricos da sociedade brasileira"[9] ou, *grosso modo*, missões sociais. Nesse sentido, tal como no caso da corrida espacial e outros esforços militares que organizaram as redes público-privadas de pesquisa e inovação norte-americanas, os eixos da política industrial no Brasil seriam desenhados em torno do combate às desigualdades no acesso à infraestrutura urbana de transporte, moradia, saneamento básico, tecnologia verde, habitação popular, educação e saúde. Outros eixos propostos seriam voltados a demandas específicas de regiões carentes do país, como o desenvolvimento de atividades agropastoris no semiárido ou o desenvolvimento sustentável da Amazônia. Dessa forma, em vez de correr atrás de uma fronteira tecnológica cada vez mais distante ou promover grandes empresas nacionais a oligopólios globais, a política de desenvolvimento estaria a reboque das demandas democráticas da população.

"Portanto, a proposta de política industrial e tecnológica com base em missões altera os critérios de seleção, avaliação e controle, em que a política industrial é usualmente baseada. Colocada dessa forma, a política tecnológica e produtiva estaria a reboque da solução de problemas históricos que afligem a sociedade brasileira, sendo que resultados e metas seriam definidos em função da solução desses problemas."[10]

Os instrumentos utilizados para apoiar os setores produtivos para o cumprimento dessas missões envolvem desde o uso de compras governamentais e do financiamento dos investimentos necessários via BNDES e outras agências de fomento, até a destinação de recursos para a pesquisa científica nas universidades e institutos de pesquisas. A saúde fornece um exemplo concreto, pois já foram realizados esforços nesse sentido no passado. Em artigo publicado durante a pandemia, o médico sanitarista e ex-ministro da Saúde José Gomes Temporão e o pesquisador da Fiocruz Carlos Gadelha chamaram a atenção para a política de fortalecimento do Complexo

Econômico-Industrial da Saúde (Ceis) iniciada em 2007.[11] A estratégia partiu do diagnóstico de que o SUS estava assentado em "pés de barro pela fragilidade da capacidade produtiva e tecnológica local", o que exigia "um novo padrão de política pública que articulasse diferentes indústrias (farmacêutica e biotecnológica, de equipamentos e materiais médicos) com os serviços de saúde (a exemplo do uso dos ventiladores nas UTIs)".

Na política implementada pelo governo federal, o poder de compra do Estado de materiais e equipamentos para o SUS foi utilizado para o desenvolvimento da produção local em parceria com o setor privado. Mas, como apontam os autores, a capacidade de planejamento estatal tão necessária durante a pandemia foi enfraquecida pela extinção do Grupo Executivo do CEIS em dezembro de 2017: o grupo liderado pelo Ministério da Saúde articulava outros catorze ministérios (entre os quais Fazenda, Indústria e Ciência, Tecnologia e Inovação) e diversas instituições públicas.

Por meio das políticas de desenvolvimento produtivo e tecnológico orientadas por missões sociais, não há incompatibilidade entre o papel empreendedor do Estado e suas funções de estabilizador, investidor, protetor e prestador de serviços. Muito pelo contrário. É justamente a superação das carências identificadas em todas essas áreas que permitiria colocar novamente o Estado em posição ativa e estratégica no desenho dos incentivos à inovação e à produção local, evitando assim a sua captura por interesses particulares de quem já concentra parte substancial da riqueza no país.

O fato de ainda termos disponíveis alguns "bolsões" de excelência burocrática, nos termos de Peter Evans, como o BNDES, ajuda muito nesse desafio. O caráter crucial dos financiamentos do Banco no apoio a micro, pequenas e médias empresas e à inovação, bem como em áreas que exigem altos volumes de investimentos iniciais, como a de energias renováveis,[12] reforça a percepção de que é perfeitamente possível implementar um modelo de desenvolvimento sustentável centrado em uma estrutura produtiva adequada às demandas da sociedade no século XXI. Produtos e tecnologias novas com potencial de exportação certamente surgiriam ao longo do processo, contribuindo para evitar desequilíbrios externos intrínsecos à dependência de *commodities* e à alta volatilidade de seus preços nos mercados internacionais.

Nem todo processo de desenvolvimento produtivo e tecnológico é compatível com melhoras na distribuição de renda. Na verdade, a expansão dos setores de serviços nos anos 2000 foi fundamental para a forte geração de empregos formais para trabalhadores menos escolarizados e a consequente redução de disparidades salariais. Ao contrário, o peso maior da indústria durante a ditadura militar brasileira, ao empregar trabalhadores relativamente mais qualificados, contribuiu para aumentar a concentração de renda no país. Por isso, é necessário que a geração de melhores empregos associada ao projeto de desenvolvimento produtivo e tecnológico em questão venha acoplada a uma maior qualificação da mão de obra por meio de investimentos educacionais. Ao gerar, ao mesmo tempo, maior demanda e maior oferta de trabalhadores mais qualificados, um projeto como esse de desenvolvimento de longo prazo também serve para atenuar o efeito das transformações do mercado de trabalho (precarização, uberização, pejotização, desemprego tecnológico e informalidade).

Esbarramos mais uma vez, é claro, na falta de intenção de quem nos governa para implementar qualquer tipo de plano nessa direção, talvez até mais do que em outras áreas. Mas isso não deveria nos impedir de traçá-lo.

6.
As crises do pós-pandemia

Em artigo publicado durante a pandemia, o economista e professor da Harvard Kennedy School Dani Rodrik, no que identifica como um superviés de confirmação, projetou que essa crise apenas reafirmará as visões de mundo de cada um. De fato, o que temos visto no Brasil é que, enquanto alguns acreditam que a crise da Covid-19 abre caminho para a taxação de grandes fortunas, outros entendem que o mais urgente é cortar salários de servidores públicos, e alguns ousam sair às ruas para denunciar mais uma conspiração globalista contra o presidente da República. É por isso que para Rodrik, essa crise apenas reforçará tendências anteriores, como a crise do neoliberalismo, a crise da globalização ou o fortalecimento do autoritarismo populista.

Não será surpresa nenhuma, portanto, se alguns de nós sairmos de casa, finda a primeira fase da pandemia, para se deparar com um mundo ainda mais desigual e com riscos até maiores para a democracia. Enquanto isso, outros enxergarão apenas um mundo com patamares ainda maiores de dívida pública. O primeiro grupo defenderá, por exemplo, tornar a renda básica permanente e resolver injustiças históricas do nosso sistema tributário. Já o segundo tentará emplacar uma agenda ainda mais agressiva de cortes de gastos governamentais, prejudicando de forma desproporcional os que utilizam serviços públicos e dependem de nossa incipiente rede de proteção social.

Renda básica emergencial, recursos para o SUS, realocação de leitos da rede privada de saúde, produção de testes e respiradores, medidas efetivas de isolamento, crédito subsidiado para micro, pequenas e médias empresas e preservação de vínculos empregatícios sem perda de renda são alguns dos temas que mobilizaram a sociedade em meio à explosão do contágio e do número de mortes causadas pelo vírus. Mas como vimos, ainda que a formação do Estado brasileiro e das instituições democráticas desde o pacto social firmado na Assembleia Constituinte de 1988 tenha criado as bases para uma resposta nada desprezível dos diferentes entes federativos à pandemia, as medidas não foram tomadas na magnitude e no tempo necessários para mitigar os efeitos catastróficos do vírus, nem os vetores de concentração de renda, riqueza e poder trazidos pela crise. Mas se em seu auge, a resposta do Estado brasileiro pecou tanto na magnitude, quanto no tempo e nas formas de implementação das medidas, não há muitas razões para esperar que seja diferente no futuro. O que os mais otimistas podem não ter enxergado é que o mundo do pós-pandemia começou a ser construído durante a própria pandemia, e não foi nada bonito de ver.

Isso não quer dizer que as bases sobre as quais as tendências anteriores identificadas por Rodrik vão continuar a operar serão as mesmas após uma crise dessas proporções. Além disso, essas tendências são muitas vezes contraditórias, tornando o seu balanço ainda muito indefinido.

"O neoliberalismo continuará sua morte lenta", afirmou Rodrik no mesmo artigo. A crise financeira global de 2008 já havia provocado rupturas importantes no pensamento econômico e nas políticas governamentais — do papel crescente atribuído ao Estado na pesquisa econômica à atuação estabilizadora de governos e bancos centrais ao redor do mundo. O crescimento das desigualdades nos países ricos desde os anos 1980 foi trazido à tona e incorporado por economistas, ativistas e políticos em suas agendas. Tais transformações parecem ter formado as bases para a compreensão e as respostas adotadas durante a crise da Covid-19. Se a crise de 2008 pode ser encarada, tal qual no livro de Lance Taylor, como o momento da "vingança de Keynes", a pandemia serviu para vingar também os princípios básicos que nortearam a construção dos Estados de bem-estar social do século XX, bem como o papel dos governos nos investimentos em infraestrutura e no apoio ao desenvolvimento produtivo e tecnológico. No Brasil, a crise da Covid-19 pode ser vista, por exemplo, como a vingança da Constituição de 1988, do SUS, das universidades públicas e institutos de pesquisa, do BNDES ou do senador Eduardo Suplicy — histórico defensor da renda básica de cidadania.

Tal como no pós-2008, que foi marcado pela adoção de políticas de austeridade e seus efeitos devastadores ao redor do mundo, as vinganças que trouxeram de volta o Estado em suas diferentes dimensões durante a pandemia ainda terão de enfrentar batalhas ferozes. E como vimos, esses inimigos talvez sejam especialmente difíceis de abater em um país como o Brasil, que, não bastassem as abissais desigualdades estruturais, optou pelo caminho diametralmente oposto nas eleições presidenciais de 2018. Mas isso não significa que a pandemia não tenha servido para expor as vísceras desses inimigos, bem como sua face mais cruel.

Mas a morte lenta do neoliberalismo não é a única tendência ressaltada por Rodrik que a pandemia tratará de reforçar. Passando à crise da globalização, é provável que os líderes e movimentos nacionalistas nativistas em expansão nos países ricos passem a utilizar um pretexto adicional para barrar a entrada de pessoas e de mercadorias — o risco de contágio —, o que traria consequências para uma parcela ainda maior da população mundial do que os observados desde o ataque terrorista de 11 de setembro de 2001. Por outro lado, a necessidade de cooperação global para o combate a um problema que, pela sua essência, ultrapassa fronteiras nacionais, fortalece o papel das instituições multilaterais e dos mecanismos de solidariedade fiscal entre países. Além do peso conferido às recomendações da Organização Mundial de Saúde, a pandemia tornou cristalina a necessidade de uma atuação mais generosa do Fundo Monetário Internacional para a ajuda a países com restrições de recursos e do próprio Banco Central Europeu no financiamento aos gastos de países da periferia do continente. E mesmo quando analisamos a guerra comercial entre os Estados Unidos e a China, a necessidade de importação de insumos médicos durante a pandemia serviu para trazer à tona a forte relação de interdependência econômica entre a "fábrica do mundo" e seu principal mercado consumidor.

Quanto ao autoritarismo furtivo por parte de lideranças de extrema direita ao redor do mundo, nos termos do cientista político Adam Przeworski, a pandemia também revelou processos contraditórios. Na Hungria, o primeiro-ministro Viktor Orbán aproveitou-se da calamidade para dar passos adiante em seu projeto autoritário, aprovando no Congresso a possibilidade de governar por decreto, cancelando eleições e punindo a disseminação do que o próprio governo considerar informações falsas capazes de colocar em risco a saúde da população. Por outro lado, a pandemia também pode trazer custos permanentes à popularidade de líderes de extrema direita que optaram por minimizar sua gravidade e transferiram a responsabilidade pelo colapso econômico aos seus inimigos internos — governadores, imprensa e outros Poderes. Nos Estados Unidos, Donald Trump tinha na menor taxa de desemprego dos últimos cinquenta anos um grande aliado para uma reeleição dada como certa. No Brasil, Jair Bolsonaro apostava suas fichas na mobilização permanente da sua parcela mais fiel do eleitorado e na manutenção do apoio das elites financeiras do país ao reformismo de Paulo Guedes.

Mas a pandemia pode ter contribuído para alterar essas condições. Diferentes pesquisas de opinião apontam, no caso brasileiro, para uma queda na aprovação do presidente Jair Bolsonaro e de seu governo em meio à crise, sobretudo entre eleitores mais ricos e escolarizados.[1] Por outro lado, o recebimento do auxílio emergencial e o discurso contrário à adoção de medidas quarentenárias por governadores e prefeitos podem servir para conferir ao governo federal algum apelo entre os mais vulneráveis,[2] o que até então nem sequer fazia parte de suas prioridades. Não à toa, o próprio governo já considera estender o auxílio por mais tempo, mesmo que com um valor menor.[3]

Traçar cenários sobre o futuro do bolsonarismo no Brasil depende, portanto, de uma avaliação sobre uma possível guinada em sua política econômica. Em meio ao colapso econômico trazido pela pandemia, o retorno à agenda do teto de gastos, das reformas estruturais para corte de despesas obrigatórias e das privatizações para redução da dívida pública se encarregariam de levar a economia brasileira para o quadro de estagnação desigualitária vivido desde 2017, mas a um nível de renda média e emprego ainda menor. Como já estava claro pelos resultados pífios da economia brasileira em 2019, essa agenda não foi capaz de tirar o país do quadro de insuficiência de demanda, tornado crônico desde a crise de 2015-6, que dirá da situação ainda mais calamitosa e permeada de incertezas do pós-pandemia.

Mas uma das questões mais relevantes quando se compara a eleição de Bolsonaro com a ascensão recente de outros projetos de extrema direita ao redor do mundo é justamente a diferença entre o contexto econômico e social dos países ricos e do Brasil na era da globalização. Ao tentar compreender como choques distintos de globalização poderiam levar ao crescimento do populismo de direita, ou de esquerda, a depender do tipo de divisão na sociedade explorado pelos políticos, Dani Rodrik propôs em 2017 a seguinte hipótese. De um lado, a liberalização comercial e a imigração favoreceriam a ênfase nas divisões identitárias, que marcam o populismo cultural de direita observado nos Estados Unidos e na Europa. De outro, a liberalização financeira fortaleceria divisões de renda, o que explicaria o maior peso do que ele considerou como populismo econômico de esquerda no sul da Europa e na América Latina.

De fato, estudos feitos para os Estados Unidos e diversos países da Europa apontam[4] que a exposição a produtos importados chineses tende a beneficiar candidatos não moderados, reforçando o papel da globalização para a ascensão desses fenômenos. Esta última também está na raiz do declínio da classe média identificado por Branko Milanovic em seu livro *Global Inequality* como catalisador da recessão democrática global. Mas é justamente nesse contexto que a eleição de Jair Bolsonaro causa alguma surpresa. Afinal, assim como outros países da América Latina, o Brasil beneficiou-se do processo do crescimento chinês nos anos 2000 — por meio da valorização do preço das *commodities* — e expandiu políticas redistributivas para a base da pirâmide. No entanto, além de não termos conseguido evitar a perda de empregos industriais em meio à alta competitividade dos asiáticos, tornando a expansão mais benéfica para o topo e a base da pirâmide do que para o meio, o fim desse ciclo nos levou a convergir para conflitos distributivos crescentes, a austeridade e o aumento da desigualdade que já assolava os países ricos.

Nesse contexto, embora a globalização pareça ser responsável por uma parte significativa da ascensão de movimentos nacionalistas nativistas no mundo desenvolvido, a austeridade do pós-crise de 2008 também teve seu papel em países europeus. Em artigo publicado em 2019 na *American Economic Review*, Thiemo Fetzer demonstrou, por exemplo, que o corte de programas sociais no Reino Unido desde 2010 aumentou significativamente o apoio ao Brexit. Por isso, não é possível dissociar de antemão a vitória eleitoral de Jair Bolsonaro em 2018 da crise econômica brasileira de 2015-6 e, sobretudo, do acúmulo de frustrações da população diante das sucessivas promessas de retomada, que passaram do impeachment de Dilma Rousseff, ao teto de gastos e à reforma trabalhista de Michel Temer.

Mas ao contrário de Donald Trump, do Brexit ou de Viktor Orbán na Hungria, Bolsonaro uniu ao autoritarismo típico desses movimentos uma agenda ultraliberal na economia. Em vez de culpar os imigrantes, a China ou o "globalismo" de Bruxelas pelo aumento da insegurança econômica da população, a plataforma eleitoral de Jair Bolsonaro aproveitou-se da percepção já estabelecida em meio aos escândalos da Operação Lava Jato de que a corrupção era a própria causa da grave crise econômica que assolava o país desde 2015, para jogar a população contra o establishment político, a esquerda e, ao fim e ao cabo, contra o próprio Estado. Ou melhor, contra o papel estabilizador, investidor, protetor, prestador de serviços e empreendedor desse Estado, já que, como destacou Loïc Wacquant em *As prisões da miséria*, o Estado mínimo na proteção social toma a forma concreta de um Estado penitenciário. Nas favelas e periferias brasileiras, o poder público sempre esteve ausente na garantia do bem-estar da população e presente demais nas operações policiais, como bem destacado pela jornalista Flávia Oliveira e a economista Monica De Bolle em artigos escritos durante a pandemia.[5]

Mas se, de um lado, a união do autoritarismo militarista com o fundamentalismo de mercado ajudou a trazer setores da elite econômica do país e mesmo das camadas médias para a base eleitoral do governo, de outro, a falta de apelo popular do discurso e das medidas tomadas pela equipe econômica de Guedes era uma fraqueza estrutural do projeto. Embora muitas propostas polêmicas da equipe econômica tenham sido lançadas apenas para responsabilizar o Congresso por não aprová-las e, assim, tal como em outras esferas, alimentar a ideia de boicote por parte de supostos inimigos do governo, a ausência completa de sensibilidade social por parte do ministro da Economia e das políticas por ele implementadas não contribuiu para construir apoio entre os mais vulneráveis. Além dos discursos carregados de elitismo, como quando sugeriu que os mais pobres não sabiam poupar, ou considerou excessivas as supostas idas à Disney por empregadas domésticas nos anos de valorização do real, Guedes não entregou quase nenhuma melhora material para a população. Na verdade, como vimos, a economia brasileira desacelerou no primeiro ano do governo Bolsonaro em relação aos dois últimos anos do governo Temer.

Assim, a pandemia levou o bolsonarismo a a entrar em curto-circuito. Ou o governo muda o rumo da política econômica, atendendo a pressões da ala militar por uma expansão de investimentos públicos, por exemplo, ou expandindo benefícios sociais de forma permanente em meio à profunda crise, ou Bolsonaro terá perdido apoio no topo da pirâmide sem substituí-lo por uma aprovação maior na base. É até difícil saber qual desses caminhos seria mais perigoso para a democracia brasileira. De toda forma, o campo democrático deve angariar forças nas redes de solidariedade e mobilização gestadas pela tragédia coletiva imposta pelo vírus para a constituição do núcleo básico de um projeto de país. Um projeto em que o Estado brasileiro, acima de tudo, se coloque a serviço de todos.

Notas

Introdução [pp. 9-12]

1. Davide Furceri (2020).
2. Laura Carvalho, Luiza Nassif Pires e Laura de Lima Xavier (2020).
3. Brian Harris e Andres Schipani (28 abr. 2020).

1. O Estado estabilizador [pp. 13-42]

1. Richard Milne (10 maio 2020).
2. Jordan Weissmann (11 maio 2020).
3. Para um diagnóstico mais profundo das causas da crise de 2015-6 e da desaceleração dos anos anteriores, ver: Laura Carvalho (2018).
4. D. Brant, "Gasto público é importante para Brasil crescer, defende Maia". *Folha de S.Paulo*, 4 mar. 2020. Disponível em: <https://www1.folha.uol.com.br/mercado/2020/03/gasto-publico-e-importante-para--brasil-crescer-defende-maia.shtml>. Acesso em: 28 maio 2020.
5. Tesouro Nacional Transparente, "Monitoramento dos Gastos da União com Combate à Covid-19".
6. Manoel Pires (13 abr. 2020).
7. Bernardo Caram (15 abr. 2020).
8. Adam Tooze (13 maio 2020).
9. A inflação tem teorias distintas de determinação, que podem se aplicar mais em um determinado país ou determinado período do tempo. Nas teorias puramente monetárias, ela responde à quantidade de moeda em circulação. Já na chamada Curva de Phillips, a inflação tem relação negativa com o desemprego: quanto mais desaquecido está o mercado de trabalho, menor o crescimento dos salários e dos preços. No Brasil, a inflação também costuma responder ao preço do dólar, na medida em que o custo dos insumos importados mais caros acaba sendo repassado para outros preços da economia.
10. Para uma explicação mais detalhada das implicações de se permitir o financiamento do Tesouro pela emissão de moeda no caso brasileiro, ver, por exemplo, a coluna de Nelson Barbosa (https://www1.folha.uol.com.

br/colunas/nelson-barbosa/) e André Lara Resende, (16 maio 2020).

11. Felipe Rezende (13 abr. 2016).

12. Stephanie Kelton (7 maio 2020).

13. Em maio de 2020, as projeções do Boletim Focus de inflação pelo Índice de Preços ao Consumidor Amplo (IPCA) — medida oficial utilizada pelo Banco Central para fixar a meta — eram de apenas 1,76% para o ano. Um mês antes, em abril, essas projeções eram de 2,52%.

14. Para uma análise mais aprofundada da atuação do Banco Central entre 2015 e 2017, ver: Laura Carvalho (2018).

15. Para uma discussão dos efeitos de uma Selic zero, ver, por exemplo: Barbosa (15 maio 2020).

16. Fabio Graner (13 maio 2020).

17. Manoel Pires (27 abr. 2020).

18. Guilherme Mazieiro (22 maio 2020).

2. O Estado investidor [pp. 43-56]

1. O sistema de contas nacionais foi desenvolvido nos anos 1930 por Simon Kuznets e Colin Clark com o advento da macroeconomia keynesiana, dando origem aos cálculos de PIB pelas óticas da despesa, renda e produção divulgados até hoje por órgãos estatísticos oficiais.

2. Ver: Alicia Munnell (1992).

3. Beatriz Rache et al. (mar. 2020).

4. Lu Aiko Otta et al. (30 abr. 2020).

5. Manoel Pires e Bráulio Borges (abr.-jun. 2019).

6. Rodrigo Octávio Orair (jul. 2016).

7. Para um diagnóstico dos fatores externos e internos que permitiram esse crescimento, ver: Laura Carvalho (2018).

8. Sarah Teófilo (11 maio 2020).

9. Luigi Mazza et al. (22 out. 2019).

10. Em linha com estudos anteriores para o Brasil e outros países, o efeito multiplicador instantâneo estimado para os investimentos públicos no trabalho de Marina Sanches é de 1,4 (ou seja, para cada real investido, aumento do PIB de 1,4), mas o efeito acumulado chega a 3,6 após 25 meses na amostra completa, que inclui o período pós-2014.

11. Ver, por exemplo: Cristina Fróes de Borja Reis et al. (2019) e Pedro Cavalcanti Ferreira e Thomas Georges Malliagros (1999).

12. Ver: Fabio Giambiagi e Guilherme Tinoco (set. 2019).

3. O Estado protetor [pp. 57-78]

1. Ver: Sune Sunesson et al. (4 jan. 2008).
2. Ver, por exemplo: Alain De Janvry e Elizabeth Sadoulet (2006).
3. International Labour Organization (2019).
4. Sara Jerving (14 abr. 2020).
5. Pedro H. G. Ferreira de Souza et al. (ago. 2019).
6. Thiago Resende (26 fev. 2020).
7. Para um relato da mobilização da sociedade civil para a aprovação de uma renda básica emergencial, que contou com o apoio do pesquisador em desigualdade Marcelo Medeiros, de Princeton, e da economista Monica De Bolle, da Johns Hopkins University, ver: Alessandra Orofino (28 maio 2020).
8. Alessandro Casalecchi (7 maio 2020).
9. Na amostra pré-crise, entre 1997 e 2014, o multiplicador instantâneo estimado por Marina Sanches para os benefícios sociais é de 0,75 e o multiplicador acumulado é de 1,9. Na amostra que inclui a crise (1997-2017), esse multiplicador acumulado chega a 2,9, ou seja, uma magnitude muito próxima à observada para os investimentos públicos.
10. Samuel Pêssoa (23 maio 2020).
11. Fernando Gaiger Silveira et al. (out. 2013).
12. A isenção concedida em 1995 de IRPF sobre a distribuição de lucros e dividendos por empresas é em boa parte responsável pela alíquota efetiva de apenas 9,1% entre o 0,1% dos declarantes com renda média mensal acima de R$ 135 mil em 2015, segundo dados da Receita Federal. Já os 0,9% com renda superior a R$ 34 mil naquele ano pagavam alíquota efetiva de 12,4% — muito inferior também à alíquota de 27,5% que incide sobre os altos salários e, mais ainda, que a alíquota marginal de 39,6% aplicada às mais altas rendas nos Estados Unidos, por exemplo.
13. Mota estima que um Imposto sobre Grandes Fortunas com alíquotas progressivas tal qual proposto pelos pré-candidatos democratas Elizabeth Warren e Bernie Sanders nos Estados Unidos teria, no Brasil, um impacto arrecadatório entre R$ 22 bilhões e R$ 40 bilhões. Já a tributação de dividendos com as mesmas alíquotas que incidem sobre os salários traria uma receita adicional de mais de R$ 70 bilhões aos preços de 2016, conforme estimativas de 2016 de Rodrigo Octávio Orair e Sérgio Wulff Gobetti — esse valor certamente seria maior em 2021.
14. O estudo de Marc Morgan mostra que nos anos que antecederam a crise financeira internacional de 2008, o 0,1% mais rico se apropriou de 68% do crescimento da renda nacional no Brasil. Enquanto o 1% mais rico elevou sua parcela na renda de 25% para 28% entre 2001 e 2015, os mais pobres aumentaram sua parte de 11% para 12% apenas. Daí a noção

de "squeezed middle", ou "miolo espremido", identificado por Morgan.
15. Marcello Corrêa e Manoel Ventura (3 abr. 2019).
16. GI, 24 ago. 2018.
17. Eduardo Suplicy (2002), p. 205.
18. Fabio Graner (19 maio 2020).
19. Sobre o fracasso das medidas de desoneração da folha e outros impostos durante o primeiro governo Dilma, ver o capítulo "Agenda Fiesp", em: Laura Carvalho (2018).

4. O Estado prestador de serviços [pp. 79-100]

1. David Crook (2007), p. 653. Tradução nossa.
2. Todos os dados sobre carga tributária e gastos sociais foram obtidos nas estatísticas da OCDE disponíveis em: <https://data.oecd.org>.
3. Indicador elaborado a partir de dados de 2016 do Institute for Statistics da Unesco disponíveis em: <http://data.uis.unesco.org>.
4. Annalisa Merelli, 20 maio 2020.
5. Drauzio Varella (18 ago. 2019).
6. Cálculo com base nas estatísticas de 2014 da Unesco disponibilizadas em <http://data.uis.unesco.org>.
7. Fabiola Sulpino Vieira et al. (out. 2019).
8. Claudia Safatle (9 set. 2019).
9. Fernando Gaiger Silveira et al. (out. 2013).
10. Gabriel Shinohara (29 mar. 2020).
11. Denise Luna e Fernanda Nunes (7 fev. 2020).
12. Amanda Rossi e Renata Buono (2 mar. 2020).

5. O Estado empreendedor [pp. 101-20]

1. Peter Evans (2004), p. 313.
2. Mariana Mazzucato (2014), p. 31.
3. Ver, por exemplo: Philippe Aghion e Peter Howitt (1992).
4. Kim Willsher at al. (4 abr. 2020).
5. Heloísa Mendonça (4 maio 2020).
6. Para entender o conceito de "Momento Frenkel", ver: Laura Carvalho (2 out. 2015).
7. Ver Laura Carvalho (2018) para a definição dessa agenda e um diagnóstico mais aprofundado das razões do seu fracasso.
8. David Kupfer (14 out. 2019).
9. Ver, por exemplo: Eduardo Fagnani et al. (2018).

10. Marco Antonio Rocha e Pedro Rossi (19 fev. 2018).
11. José Gomes Temporão e Carlos Gadelha (19 abr. 2020).
12. Em *Valsa brasileira* (Todavia, 2018), analisei o peso desse tipo de financiamento nos desembolsos totais do BNDES, que revelaram um crescimento relativo mesmo no período da política que se convencionou chamar de "campeões nacionais".

6. As crises do pós-pandemia [pp. 121-8]

1. Bruno Boghossian (24 mar. 2020).
2. Mauro Paulino e Alessandro Janoni (21 abr. 2020).
3. Ricardo Della Coletta, Julia Chaib (22 maio 2020).
4. Ver: David Autor et al. (dez. 2017) e Italo Colantone e Piero Stanig (2018).
5. Flávia Oliveira (8 maio 2020) e Monica De Bolle (22 maio 2020).

Referências bibliográficas

AGHION, Philippe; HOWITT, Peter. "A Model of Growth through Creative Destruction". *Econometrica*, v. 60, n. 2, pp. 323-51, 1992.

ASHAUER, David Alan. "Is Public Expenditure Productive?". *Journal of Monetary Economics*, v. 23, n. 2, pp. 177-200, 1989.

ATKINSON, Anthony Barnes. *Public Economics in Action: The Basic Income/Flat Tax Proposal*. Oxford: Oxford University Press, 2003.

AUTOR, David; DORN, David; HANSON, Gordon; MAJLESI, Kaveh. "Importing Political Polarization? The Electoral Consequences of Rising Trade Exposure". *NBER Working Paper*, n. 22<e.f.>637, dez. 2017. Disponível em: <https://www.nber.org/papers/w22637>. Acesso em: 28 maio 2020.

BARBOSA, Nelson. "Financiamento do Tesouro". *Folha de S.Paulo*, São Paulo, 8 maio 2020. Disponível em: <https://www1.folha.uol.com.br/colunas/nelson-barbosa/2020/05/financiamento-do-tesouro.shtml>. Acesso em: 28 maio 2020.

_____. "Selic zero". *Folha de S.Paulo*, São Paulo, 15 maio 2020. Disponível em: <https://www1.folha.uol.com.br/colunas/nelson-barbosa/2020/05/selic-zero.shtml>. Acesso em: 28 maio 2020.

BARRO, Robert J. "Human Capital: Growth, History and Policy: A Session to Honor Stanley Engerman". *American Economic Review: Papers and Proceedings*, v. 91, n. 2, pp. 12-7, 1991.

BLOCK, Fred; KELLER, Matthew. *State of Innovation: The U.S. Government's Role in Technology Development*. Boulder, CO: Paradigm, 2011.

BOGHOSSIAN, Bruno. "Ricos e escolarizados são os que mais rejeitam atuação de Bolsonaro na crise, diz Datafolha". *Folha de S.Paulo*, São Paulo, 24 mar. 2020. Disponível em: <https://www1.folha.uol.com.br/poder/2020/03/ricos-e-escolarizados-sao-os-que-mais-rejeitam-atuacao-de-bolsonaro-na-crise-diz-datafolha.shtml>. Acesso em: 28 maio 2020.

BRANT, Danielle. "Gasto público é importante para Brasil crescer, defende Maia". *Folha de S.Paulo*, São Paulo, 4 mar. 2020. Disponível em: <https://www1.folha.uol.com.br/mercado/2020/03/gasto-publico-e-importante-para-brasil-crescer-defende-maia.shtml>. Acesso em: 28 maio 2020.

BRESSER-PEREIRA, Luiz Carlos. "Teoria novo-desenvolvimentista: uma síntese". *Cadernos do Desenvolvimento*, Rio de Janeiro, v. 11, n. 19, pp. 145-65, 2016.

CARAM, Bernardo. "Governo mais que dobra previsão de rombo fiscal para 2021 e projeta 10 anos no vermelho". *Folha de S.Paulo*, São Paulo, 15 abr. 2020. Disponível em: <https://www1.folha.uol.com.br/mercado/2020/04/governo-flexibiliza-meta-fiscal-de-2021-e-preve-rombo-de-r-150-bilhoes.shtml>. Acesso em: 28 maio 2020.

CARVALHO, Laura. "Momento Frenkel". Folha de S.Paulo, São Paulo, 2 out. 2015. Disponível em: <https://www1.folha.uol.com.br/colunas/laura--carvalho/2015/10/1689194-momento-frenkel.shtml>. Acesso em: 28 maio 2020.

_____. *Valsa brasileira: Do boom ao caos econômico*. São Paulo: Todavia, 2018.

_____; NASSIF PIRES, Luiza; XAVIER, Laura de Lima. "Covid-19 e desigualdade no Brasil". *Research Gate*, abr. 2020. Disponível em: <https://www.researchgate.net/publication/340452851_COVID-19_e_Desigualdade_no_Brasil>. Acesso em: 28 maio 2020.

CASALECCHI, Alessandro. "Cenários para a despesa com o auxílio emergencial". Instituição Fiscal Independente, Nota técnica n. 42, 7 maio 2020. Disponível em: <http://www2.senado.leg.br/bdsf/bitstream/handle/id/571562/nt42_Cenarios_despesas_auxilio_emergencial.pdf>. Acesso em: 28 maio 2020.

COLANTONE, Italo; STANIG, Piero. "Global Competition and Brexit". *American Political Science Review*, v. 112, n. 2, pp. 201-18, 2018. Disponível em: <https://econpapers.repec.org/article/cupapsrev/v_3a112_3ay_3a2018_3ai_3a02_3ap_3a201-218_5f00.htm>. Acesso em: 28 maio 2020.

COLETTA, Ricardo Della; CHAIB, Julia. "Bolsonaro confirma estender auxílio emergencial, mas com valor abaixo de R$ 600". *Folha de S.Paulo*, São Paulo, 22 maio 2020. Disponível em: <https://www1.folha.uol.com.br/mercado/2020/05/bolsonaro-confirma-estender-auxilio-emergencial--mas-com-valor-abaixo-de-r-600.shtml>. Acesso em: 28 maio 2020.

CORRÊA, Marcello; VENTURA, Manoel. "Guedes defende 'Imposto de Renda negativo' para quem ganha menos que o mínimo". *O Globo*, Rio de Janeiro, 3 abr. 2019. Disponível em: <https://oglobo.globo.com/economia/guedes-defende-imposto-de-renda-negativo-para-quem-ganha-menos--que-minimo-23570768>. Acesso em: 28 maio 2020.

CROOK, David. "Education, Health and Social Welfare". *History of Education*, v. 36, n. 6, 2007, pp. 651-7.

DE BOLLE, Monica. "Estado mínimo para quem?". *Época*, Rio de Janeiro, 22 maio 2020. Disponível em: <https://epoca.globo.com/monica-de-bolle/estado-minimo-para-quem-24439280>. Acesso em: 28 maio 2020.

DE JANVRY, Alain; SADOULET, Elisabeth. "Making Conditional Cash Transfer Programs more Efficient: Designing for Maximum Effect of the Conditionality". *The World Bank Economic Review*, v. 20, n. 1, pp. 1-29, 2006.

DE WISPELAERE, Jurgen; STIRTON, Lindsay James. "The Many Faces of Universal Basic Income". *The Political Quarterly*, v. 75, n. 3, pp. 266-74, 2004.

ESPING-ANDERSEN, Gosta. *Politics against Markets: The Social Democratic Road to Power*. Princeton, NJ: Princeton University Press, 1985.

EVANS, Peter. *Autonomia e Parceria: Estados e transformação industrial*. Rio de Janeiro: Editora UFRJ, 2004.

FAGNANI, Eduardo; DWECK, Esther; MELLO, Guilherme; ROCHA, Marco Antonio; ROSSI, Pedro; TEIXEIRA, Rodrigo. "Desenvolvimento social e estrutura produtiva". *Projeto Brasil Popular*, 2018. Disponível em: <http://pedrorossi.org/wp-content/uploads/2018/03/DesenvolvimentoSocialeEstruturaProdutiva.pdf>. Acesso em: 28 maio 2020.

FERREIRA, Pedro Cavalcanti; MALLIAGROS, Thomas Georges. "Investimentos, fontes de financiamento e evolução do setor de infra-estrutura no Brasil: 1950-1996". *Ensaios Econômicos*, São Paulo, v. 346, n. 5, pp. 1-39, 1999.

FETZER, Thiemo. "Did Austerity Cause Brexit?". *American Economic Review*, v. 109, n. 11, 2019, pp. 3849-86.

FRAGA NETO, Arminio. "Estado, desigualdade e crescimento no Brasil". *Novos Estudos CEBRAP*, São Paulo, v. 38, n. 3, 2019, pp. 613-34. Disponível em: <https://www.scielo.br/scielo.php?pid=S0101-33002019000300613&script=sci_arttext>. Acesso em: 28 maio 2020.

FRIEDMAN, Milton. *Capitalism and Freedom*. Chicago: Chicago University Press, 1962.

FUNCIA, Rrancisco; OCKÉ-REIS, Carlos. "Efeitos da política de austeridade fiscal sobre o gasto público federal com saúde". In: ROSSI, Pedro; DWECK, Esther; OLIVEIRA, Ana Luiza Matos (Orgs.). *Economia para poucos: Impactos sociais da austeridade e alternativas para o Brasil*. São Paulo: Autonomia Literária, 2018.

FURCERI, Davide; LOUNGANI, Prakash; OSTRY, Jonathan D. *How Pandemics Leave the Poor Even Farther Behind*, 2020. Disponível em: <https://blogs.imf.org/2020/05/11/how-pandemics-leave-the-poor-even-farther-behind>. Acesso em: 28 maio 2020.

GI. "Economista do PSL, Paulo Guedes defende a privatização de 'todas' as estatais". G1, 24 ago. 2018. Disponível em: <https://g1.globo.com/politica/eleicoes/2018/noticia/2018/08/24/economista-do-psl-paulo-guedes-defende-a-privatizacao-de-todas-as-estatais.ghtml>. Acesso em: 28 maio 2020.

GECHERT, Sebastian. "What Fiscal Policy Is Most Effective? A Meta-Regression Analysis", *Oxford Economic Papers*, v. 67, n. 3, pp. 553-80, jul. 2015. Disponível em: <https://academic.oup.com/oep/article/67/3/553/2362401>. Acesso em: 28 maio 2020.

GIAMBIAGI, Fabio; TINOCO, Guilherme. "O teto do gasto público: mudar para preservar". *Textos para discussão BNDES*, n. 144, set. 2019. Disponível em: <https://web.bndes.gov.br/bib/jspui/bitstream/1408/18620/1/PRFol_Teto%20do%20gasto%20publico_BD.pdf>. Acesso em: 22 maio 2020.

GRANER, Fabio. "TLP sobe há cinco meses e atinge maior nível desde agosto de 2019". *Valor Econômico*, Rio de Janeiro, 13 maio 2020. Disponível em: <https://valor.globo.com/brasil/noticia/2020/05/13/tlp-sobe-ha-5-meses-e--atinge-maior-nivel-desde-agosto-de-2019.ghtml>. Acesso em: 28 maio 2020.

_____. "Guedes sinaliza medidas tributárias em 30 dias para retomada da economia". *Valor Econômico*, Rio de Janeiro, 19 maio 2020. Disponível em: <https://valor.globo.com/brasil/noticia/2020/05/19/guedes-sinaliza--medidas-tributarias-em-30-dias-para-retomada-da-economia.ghtml>. Acesso em: 28 maio 2020.

GULDI, Jo. *Roads to Power: Britain Invents the Infrastructure State*. Cambridge, MA: Harvard University Press, 2012.

HARRIS, Brian; SCHIPANI, Andres. "Pandemic Forces Brazil's 'Chicago Boys' to Revise Reform Plans". *Financial Times*, 28 abr. 2020. Disponível em: <https://www.ft.com/content/238a30e8-766f-4d1c-b174-805b1b6613b0>. Acesso em: 28 maio 2020.

HAUSSMANN, Ricardo; HIDALGO, César. "Economic Complexity: Conceptual Grounding of a New Metrics for Global Competitiveness". *Journal of Economic Dynamics and Control*, v. 37, n. 8, pp. 1683-91, 2013.

HECLO, Hugh. *The Welfare State in Hard Times*. Washington, DC: American Political Science Association, 1985.

HEGA, Gunther M.; HOKENMAIER, Karl G. "The Welfare State and Education: A Comparison of Social and Educational Policy in Advanced Industrial Societies". *German Policy Studies*, v. 2, n. 1, 2002, pp. 143-73.

INTERNATIONAL Labour Organization. *Work for a Brighter Future: Global Commission on the Future of Work*. Geneva: ILO, 2019. Disponível em: <https://www.ilo.org/wcmsp5/groups/public/---dgreports/---cabinet/documents/publication/wcms_662410.pdf>. Acesso em: 28 maio 2020.

JERVING, Sara. "Cash Transfers Lead the Social Assistance Response to Covid-19". *Devex*, 14 abr. 2020. Disponível em: <https://www.devex.com/news/cash-transfers-lead-the-social-assistance-response-to-covid-19-96949>. Acesso em: 28 maio 2020.

KALDOR, Nicholas. *Causes of the Slow Rate of Economic Growth of the United Kingdom*. Cambridge: Cambridge University Press, 1966.

KELTON, Stephanie. "Can Governments Afford the Debts They Are Piling Up to Stabilise Economies?". *Financial Times*, 7 maio 2020. Disponível em: <https://www.ft.com/content/53cb3f6a-895d-11ea-a109-483c62d17528>. Acesso em: 28 maio 2020.

KEYNES, John Maynard. *The General Theory of Employment, Interest and Money*. Londres: Palgrave Macmillan, 1936.

KUPFER, David. "A doença industrial brasileira". *Valor Econômico*, Rio de Janeiro, 14 out. 2019. Disponível em: <https://valor.globo.com/opiniao/coluna/a-doenca-industrial-brasileira.ghtml>. Acesso em: 28 maio 2020.

KUZNETS, Simon. *Modern Economic Growth: Rate, Structure and Spread*. New Haven; Londres: Yale University Press, 1966.

LARA RESENDE, André. "Crise exige superar equívocos sobre emissão de moeda e dívida pública". *Folha de S.Paulo*, São Paulo, 16 maio 2020. Disponível em: <https://www1.folha.uol.com.br/ilustrissima/2020/05/crise-exige-superar-equivocos-sobre-emissao-de-moeda-e-divida-publica-diz-andre-lara.shtml>. Acesso em: 28 maio 2020.

LUNA, Denise; NUNES, Fernanda. "Guedes diz que 'parasita' do funcionalismo está matando 'hospedeiro' Brasil". UOL, 7 fev. 2020. Disponível em: <https://economia.uol.com.br/noticias/estadao-conteudo/2020/02/07/guedes-diz-que-parasita-do-funcionalismo-esta-matando-o-hospedeiro-brasil.htm>. Acesso em: 28 maio 2020.

MAZIEIRO, Guilherme. "Guedes: vamos usar recurso público com grandes empresas e ganhar dinheiro". UOL Notícias, 22 maio 2020. Disponível em <https://noticias.uol.com.br/politica/ultimas-noticias/2020/05/22/guedes-vamos-usar-recurso-publico-com-grandes-empresas-e-ganhar-dinheiro.htm>. Acesso em: 28 maio 2020.

MAZZA, Luigi; ROSSI, Amanda; BUONO, Renata. "Tem um buraco no meio do caminho". *piauí*, São Paulo, 22 out. 2019. Disponível em: <https://piaui.folha.uol.com.br/um-buraco-no-meio-caminho>. Acesso em: 28 maio 2020.

MAZZUCATO, Mariana. *O Estado empreendedor*. São Paulo: Portfolio Penguin, 2014.

MENDONÇA, Heloísa. "Falta de insumos médicos pressiona debate sobre reconversão da indústria brasileira para coronavírus". *El País*, 4 maio 2020. Disponível em: <https://brasil.elpais.com/economia/2020-05-04/falta-de-insumos-medicos-pressiona-debate-sobre-reconversao-da-industria-brasileira-para-coronavirus.html>. Acesso em: 28 maio 2020.

MERELLI, Annalisa. "Depending on Where They Live, Coronarivus Can Still Cost Americans Thousands of Dollars". *Quartz*, 20 maio 2020. Disponível em: <https://qz.com/1853315/the-cost-of-coronavirus-care-depends-on-where-americans-live>. Acesso em: 28 maio 2020.

MILANOVIC, Branko. *Global Inequality: A New Approach for the Age of Globalization*. Cambridge, MA: Harvard University Press, 2016.

MILNE, Richard. "Sweden Unlikely to Feel Economic Benefit of No-Lockdown Approach". *Financial Times*, 10 maio 2020. Disponível em: <https://www.ft.com/content/93105160-dcb4-4721-9e58-a7b262cd4b6e>. Acesso em: 28 maio 2020.

MINSKY, Hyman P. *Stabilizing an Unstable Economy*. New Haven: Yale University Press, 1986.

MORGAN, Marc. "Extreme and Persistent Inequality: New Evidence for Brazil Combining National Accounts, Surveys and Fiscal Data, 2001-2015". *WID.world Working Paper Series*, ago. 2017.

MOTA, Henrique Rodrigues da. "Taxando os ultrarricos: O imposto sobre patrimônios volta à cena", abr. 2020. (Inédito). Disponível em: <https://drive.google.com/file/d/1_nzVQwKDkzrUUrJAEAKgR64-RWiJE9Ex/view>. Acesso em: 28 maio 2020.

MUNNELL, Alicia. "Infrastructure Investment and Productivity Growth". *Journal of Economic Perspectives*, v. 6, n. 4, pp. 189-98, 1992.

MURRAY, Christopher J. L.; LOPEZ, Alan D.; CHIN, Brian; FEEHAN, Dennis; HILL, Kenneth H. "Estimation of Potential Global Pandemic Influenza Mortality on the Basis of Vital Registry Data from the 1918-20 Pandemic: A Quantitative Analysis". *The Lancet*, v. 368, pp. 2211-8, dez. 2006. Disponível em: <https://flutrackers.com/forum/filedata/fetch?id=650144>. Acesso em: 28 maio 2020.

OLIVEIRA, Flávia. "O significado do nós por nós". *O Globo*, 8 maio 2020. Disponível em: <https://oglobo.globo.com/opiniao/o-significado-do-nos--por-nos-24415860>. Acesso em: 28 maio 2020.

ORAIR, Rodrigo Octávio. "Investimento público no Brasil: Trajetória e relações com o regime fiscal". *Texto para Discussão Ipea*, Brasília, n. 2215, jul. 2016. Disponível em: <https://www.ipea.gov.br/portal/images/stories/PDFs/TDs/td_2215.pdf>. Acesso em: 28 maio 2020.

_____; GOBETTI, Sérgio Wulff. "Progressividade tributária: a agenda negligenciada". *Texto para Discussão Ipea*, Brasília, n. 2190, abr. 2016. Disponível em: <https://www.ipea.gov.br/portal/index.php?option=com_content&view=article&id=27549>. Acesso em: 28 maio 2020.

OROFINO, Alessandra. "O levante". *piauí*, São Paulo, maio 2020. Disponível em: <https://piaui.folha.uol.com.br/materia/o-levante>. Acesso em: 28 maio 2020.

OTTA, Lu Aiko; MURAKAWA, Fabio; RIBEIRO, Mariana; SCHUCH, Matheus; SIMÃO, Edna. "Guedes e Braga Netto tentam mostrar coesão em torno do pró-Brasil". *Valor Econômico*, Rio de Janeiro, 30 abr. 2020. Disponível em: <https://valor.globo.com/brasil/noticia/2020/04/30/guedes--e-braga-netto-tentam-mostrar-coesao-em-torno-do-pro-brasil.ghtml>. Acesso em: 28 maio 2020.

PAULINO, Mauro; JANONI, Alessandro. "Auxílio de R% 600 e discurso à base aliviam avaliação de Bolsonaro, aponta Datafolha". *Folha de S.Paulo*, São Paulo, 21 abr. 2020. Disponível em: <https://www1.folha.uol.com.br/poder/2020/04/auxilio-de-r-600-e-discurso-a-base-aliviam-avaliacao-de--bolsonaro-aponta-datafolha.shtml>. Acesso em: 28 maio 2020.

PEREZ, Carlota. "Finance and Technical Change a Long-Term View". In: *Elgar Companion to neo Schumpeterian Economics*, Cheltenham, UK: Edward Elgar, 2007.

PESSÔA, Samuel. "Renda básica". *Folha de S.Paulo*, São Paulo, 23 maio 2020. Disponível em: <https://www1.folha.uol.com.br/colunas/samuelpessoa/2020/05/renda-basica.shtml>. Acesso em: 28 maio 2020.

PIKETTY, Thomas. *Capital and Ideology*. Cambridge, MA: Harvard University Press, 2020.

PIRES, Manoel. "Observatório de Política Fiscal atualiza lista de medidas no combate ao Covid-19". *Observatório de Política Fiscal*, 13 abr. 2020. Disponível em: <https://observatorio-politica-fiscal.ibre.fgv.br/posts/observatorio-de-politica-fiscal-atualiza-lista-de-medidas-no-combate-ao-covid-19>. Acesso em: 28 maio 2020.

_____. "Observatório de Política Fiscal atualiza as medidas de combate à crise e detalha as políticas de crédito". *Observatório de Política Fiscal*, 27 abr. 2020. Disponível em: <https://observatorio-politica-fiscal.ibre.fgv.br/posts/observatorio-de-politica-fiscal-atualiza-medidas-de-combate-crise--e-detalha-politicas-de>. Acesso em: 28 maio 2020.

_____; BORGES, Bráulio. "A despesa primária do governo central: Estimativas e determinantes no período 1986-2016". *Estudos Econômicos*, São Paulo, v. 49, n. 2, pp. 209-34, abr.-jun. 2019.

POLANYI, Karl. *A grande transformação: As origens de nossa época*. Rio de Janeiro: Campus, 2000.

RACHE, Beatriz; ROCHA, Rudi; NUNES, Letícia; SPINOLA, Paula; MALIK, Ana Maria; MASSUDA, Adriano. "Necessidades de infraestrutura do SUS em preparo ao Covid-19: Leitos de UTI, respiradores e ocupação hospitalar". *Nota Técnica*, São Paulo, Instituto de Estudos para Políticas de Saúde, n. 3, mar. 2020. Disponível em: <https://ieps.org.br/wp-content/uploads/2020/04/IEPS-NT3.pdf>. Acesso em: 28 maio 2020.

REIS, Cristina Fróes de Borja; ARAÚJO, Eliane Cristina; GONZALES, Erica Oliveira. "Public Investment Boosted Private Investment in Brazil between 1982 and 2013". *Journal of Economic Issues*, v. 53, n. 3, 2019, pp. 813-40.

RESENDE, Thiago. "Há um ano, governo já sabia da falta de dinheiro para o Bolsa Família". *Folha de S.Paulo*, São Paulo, 26 fev. 2020. Disponível em: <https://www1.folha.uol.com.br/mercado/2020/02/ha-um-ano-governo--ja-sabia-da-falta-de-dinheiro-para-o-bolsa-familia.shtml>. Acesso em: 28 maio 2020.

REY, Hélène. "Dilemma not Trilemma: The Global Financial Cycle and Monetary Policy Independence". *NBER Working Paper* n. 21162. Disponível em: <https://www.nber.org/papers/w21162>. Acesso em: 28 maio 2020.

REZENDE, Felipe. "A sintonia fina entre o Tesouro e o Banco Central". *Valor Econômico*, Rio de Janeiro, 13 abr. 2016. Disponível em: <https://valor.globo.com/opiniao/coluna/a-sintonia-fina-entre-o-tesouro-e-banco-central.ghtml>. Acesso em: 28 maio 2020.

ROCHA, Marco Antonio; ROSSI, Pedro. "A esquerda deve superar velhas concepções de 'industrialização' e política industrial". *Brasil Debate*, 19 fev. 2018. Disponível em: <http://brasildebate.com.

br/a-esquerda-deve-superar-velhas-concepcoes-de-industrializacao-e--politica-industrial>. Acesso em: 28 maio 2020.

RODRIK, Dani. "Populism and the Economics of Globalization". *NBER Working Paper*, n. 23<e.f.>559, 2017.

_____. "Will Covid-19 Remake the World?". *Project Syndicate*. 2020. Disponível em: <https://www.project-syndicate.org/commentary/will-covid19--remake-the-world-by-dani-rodrik-2020-04>. Acesso em: 28 maio 2020.

ROSSI, Amanda; BUONO, Renata. "Quem ganha mais no serviço público". *piauí*, São Paulo, 2 mar. 2020. Disponível em: < https://piaui.folha.uol.com.br/quem-ganha-mais-no-servico-publico>. Acesso em: 28 maio 2020.

SAFATLE, Claudia. "Guedes quer desindexar e desvincular o orçamento das três esferas de governo". *Valor Econômico*, Rio de Janeiro, 9 set. 2019. Disponível em: <https://valor.globo.com/brasil/coluna/guedes-quer-desindexar-e-desvincular--o-orcamento-das-tres-esferas-de-governo.ghtml>. Acesso em: 28 maio 2020.

SANCHES, Marina. *Política fiscal e dinâmica do produto: uma análise baseada em multiplicadores fiscais no Brasil*. São Paulo: FEA-USP, 2000. Dissertação (Mestrado em Economia).

SHINOHARA, Gabriel. "Por mais recursos na saúde, Guedes defende prorrogação do Fundeb sem mudança de regras". *O Globo*, Rio de Janeiro, 29 mar. 2020. Disponível em: <https://oglobo.globo.com/brasil/por-mais--recursos-na-saude-guedes-defende-prorrogacao-do-fundeb-sem-mu-danca-de-regras-24336793>. Acesso em: 28 maio 2020.

SCHULTZ, Theodore W. "Investment in Human Capital". *American Economic Review*, v. 51, n. 1, pp. 1-17, 1961.

SILVEIRA, Fernando Gaiger; REZENDE, Fernando; AFONSO, Jose Roberto; FERREIRA, Jhonatan. "Fiscal Equity: Distributional Impacts of Taxation and Social Spending in Brazil". Working Paper International Policy Centre for Inclusive Growth, n. 115, out. 2013. Disponível em: <https://ipcig.org/pub/IPCWorkingPaper115.pdf>. Acesso em: 28 maio 2020.

SOLOW, Robert. "A Contribution to the Theory of Economic Growth". *The Quarterly Journal of Economics*, v. 70, n. 1, pp. 65-94, 1956.

SOUZA, Pedro H. G. Ferreira de. *Uma história de desigualdade: A concentração de renda entre os ricos no Brasil 1926-2013*. São Paulo: Hucitec, 2018.

_____; OSORIO, Rafael Guerreiro; PAIVA, Luis Henrique; SOARES, Sergei. "Os efeitos do Programa Bolsa Família sobre a pobreza e a desigualdade: Um balanço dos primeiros quinze anos". *Texto para Discussão Ipea*, Brasília, n. 2499, ago. 2019. Disponível em: <https://www.ipea.gov.br/portal/index.php?option=com_content&view=article&id=34948> Acesso em: 28 maio 2020.

SUNESSON, Sune; BLOMBERG, Staffan; EDEBALK, Per Gunnar; HARRYSSON, Lars; MAGNUSSON, Jan; MEEUWISSE, Anna; PETERSSON, Jan; SALONEN, Tapio. "The Flight from Universalism". *European Journal of Social Work*, v. 1, n. 1, pp. 19-29, 4 jan. 2008.

SUPLICY, Eduardo Matarazzo. *Renda de cidadania: A saída é pela porta*. São Paulo: Cortez; Fundação Perseu Abramo, 2002.

TAYLOR, Lance. *Maynard's Revenge: The Collapse of Free Market Macroeconomics*. Cambridge, MA: Harvard University Press, 2011.

TEMPORÃO, José Gomes; GADELHA, Carlos. "Tecnologia em saúde: Brasil não pode ficar de joelhos". *Folha de S.Paulo*, São Paulo, 19 abr. 2020. Disponível em: <https://www1.folha.uol.com.br/opiniao/2020/04/tecnologia-em--saude-brasil-nao-pode-ficar-de-joelhos.shtml>. Acesso em: 28 maio 2020.

TEÓFILO, Sarah. "R$ 613 milhões estão aplicados em obras paradas na área da saúde". *Correio Braziliense*, Brasília, 11 maio 2020. Disponível em: <https://www.correiobraziliense.com.br/app/noticia/politica/2020/05/11/interna_politica,853383/r-613-milhoes-estao-aplicados-em-obras-paradas-na-area--da-saude.shtml>. Acesso em: 28 maio 2020.

TESOURO Nacional Transparente, "Monitoramento dos Gastos da União com Combate à Covid-19". Disponível em: <https://www.tesourotransparente.gov.br/visualizacao/painel-de-monitoramentos-dos-gastos-com--covid-19>. Acesso em: 28 maio 2020.

TONDANI, Davide. "Universal Basic Income and Negative Income Tax: Two Different Ways of Thinking Redistribution". *Journal of Socio-Economics*, v. 38, n. 2, 2009.

TOOZE, Adam. "The Death of the Central Bank Myth". *Foreign Policy*, 13 maio 2020. Disponível em: <https://foreignpolicy.com/2020/05/13/european--central-bank-myth-monetary-policy-german-court-ruling>. Acesso em: 28 maio 2020.

VARELLA, Drauzio. "Sem o SUS, é a barbárie". *Folha de S.Paulo*, São Paulo, 18 ago. 2019. Disponível em: <https://www1.folha.uol.com.br/colunas/drauziovarella/2019/08/sem-o-sus-e-a-barbarie.shtml>. Acesso em: 28 maio 2020.

VIEIRA, Fabiola Sulpino; PIOLA, Sergio Francisco; BENEVIDES, Rodrigo Pucci de Sá e. "Vinculação orçamentária do gasto em saúde no Brasil: Resultados e argumentos a seu favor". *Texto para Discussão Ipea*, Brasília, n. 2516, out. 2019. Disponível em: <http://repositorio.ipea.gov.br/bitstream/11058/9428/1/td_2516.pdf>. Acesso em: 28 maio 2020.

WEISSMANN, Jordan. "The South's Restaurant Reopening Is Going about as Well as You'd Expect". *Slate*, 11 maio 2020. Disponível em: <https://slate.com/business/2020/05/south-reopening-restaurants-coronavirus--opentable.html>. Acesso em: 28 maio 2020.

WILLSHER, Kim; BORGER, Julian; HOLMES, Oliver. "US Accused of 'Modern Piracy' after Diversion of Masks Meant for Europo". *The Guardian*, 4 abr. 2020. Disponível em: <https://www.theguardian.com/world/2020/apr/03/mask-wars-coronavirus-outbidding-demand>. Acesso em: 28 maio 2020.

WRIGHT, Erik Olin. "Two Redistributive Proposals: Universal Basic Income and Stakeholder Grants". *Focus*, v. 24, n. 2, pp. 5-7, 2006.

© Laura Carvalho, 2020

Todos os direitos desta edição reservados à Todavia.

Grafia atualizada segundo o Acordo Ortográfico da Língua
Portuguesa de 1990, que entrou em vigor no Brasil em 2009.

capa
Todavia
composição
Manu Vasconcelos
revisão
Huendel Viana

Dados Internacionais de Catalogação na Publicação (CIP)
— —
Carvalho, Laura (1984-)
Curto-circuito: O vírus e a volta do Estado: Laura Carvalho
São Paulo: Todavia, 1ª ed., 2020
144 páginas

ISBN 978-65-5692-011-5

1. Economia 2. Ensaio 3. Crise econômica 4. Economia brasileira I. Título

CDD 330.4
— —
Índice para catálogo sistemático:
1. Economia: Ensaio 330.4

todavia
Rua Luís Anhaia, 44
05433.020 São Paulo SP
T. 55 11 3094 0500
www.todavialivros.com.br

fonte
Register*
papel
Pólen soft 80 g/m²
impressão
Geográfica